Manuale completo per principianti su criptovalute e blockchain 2020-2030:

Come investire o fare trading nel breve, medio e lungo termine in Bitcoin, Ethereum, Altcoin e nella Finanza Decentralizzata

Flavio Simeri

AF745759

© Copyright 2021 di Flavio Simeri - tutti i diritti riservati.

QUESTO DOCUMENTO È finalizzato a fornire informazioni esatte e affidabili in merito all'argomento e al tema coperto. La pubblicazione viene venduta con l'idea che l'editore non sia tenuto a render conto contabile, ufficialmente consentito, o altrimenti, servizi qualificati. Se il consiglio è necessario, legale o professionale, va ordinato un individuo praticato nella professione.

Questo libro è protetto da copyright.

In nessun modo è legale riprodurre, duplicare, o trasmettere qualsiasi parte di questo documento, sia in formato elettronico che in formato stampato. La registrazione di questa pubblicazione è severamente vietata, e qualsiasi archiviazione di questo documento non è consentita a meno che con il permesso scritto dell'editore. Tutti i diritti riservati.

I rispettivi autori possiedono tutti i diritti d'autore non detenuti dall'editore.

L'informazione qui è offerta a fini informativi esclusivamente ed è universale così. La presentazione delle informazioni è priva di contratto o di qualsiasi tipo di garanzia di garanzia.

Qualsiasi riferimento ai siti web è fornito solo per convenienza e non può in alcun modo servire come avallo. I materiali di quei siti web non fanno parte dei materiali in questa pubblicazione e l'utilizzo di quei siti web è a proprio rischio.

I Marchi che vengono utilizzati sono senza alcun consenso, e la pubblicazione del marchio è senza permesso o supporto da parte del titolare del marchio. Tutti i marchi e le marche all'interno di questo libro sono a scopo di chiarimento solo e sono di proprietà dei proprietari stessi, non affiliati a questo documento.

N.B: I consigli dati in questo libro non vanno intesi come sollecitazione a investimenti o sollecitazione a pubblico risparmio

INDICE

CAPITOLO 1

Glossario - La terminologia che devi Assolutamente conoscere

IN QUESTA PRIMA PARTE vedremo le principali parole e quindi il glossario che verrà utilizzato in questo testo.

È bene studiare questi termini tecnici in modo da poterne capire il significato.

Il primo termine è "**andare long**": significa puntare sul fatto che il mercato sarà rialzista, quantomeno nel breve termine, e quindi è credere e scommettere sulla salita dei prezzi e non sulla discesa degli stessi.

In pratica, ipotizziamo che il Bitcoin sia a 50.000 dollari, se pensiamo che una volta raggiunti i 52.000 dollari questo prezzo non si fermerà più fino ai 60.000 allora, a 52.000 andremo long, cioè punteremo sulla salita del prezzo.

Al contrario, **andremo short** (o shorteremo) qualora noi pensassimo che il prezzo dovrà scendere, quantomeno nel breve termine.

Quindi se noi fossimo sempre a 50.000 dollari (come nel caso precedente) e pensassimo che sotto i 48.000 dollari Bitcoin potrà crollare, allora sotto i 48.000 dollari noi potremmo, ad esempio, vendere Bitcoin per poi pensare di andarlo a ricomprare a 45.000 dollari perché siamo convinti che il prezzo scenderà.

Altro termine è "**arbitraggio**": è quella pratica che consiste nell'acquistare Bitcoin o un'altra criptovaluta rivendendola immediatamente su un altro exchange per trarre vantaggio dalla differenza di prezzo.

A volte il prezzo su un exchange o su un altro cambia perché magari c'è stato un forte acquisto o una forte vendita in quel momento preciso su un exchange piuttosto che su un altro.

Ci sono dei casi, quindi, in cui ci vuole del tempo prima che il prezzo si equilibri e può succedere che non si equilibri al 100%.

È possibile quindi, per esempio, comprare su un exchange Bitcoin a 49.800 dollari e venderlo su un altro a 50.000 dollari.

Ecco, bisognerebbe trasferire il Bitcoin e considerare anche i costi dell'exchange, però questa pratica a volte viene sfruttata con dei sistemi automatizzati per fare del profitto.

Un altro termine è "**bull**" (molto spesso sentirete "sono bull"): si riferisce a una fase di mercato rialzista rappresentata quindi dal toro (bull significa toro).

In pratica quando tutto va su, quindi quando tutti i prezzi salgono, uno si sente bull, si sente un toro, cioè che va tutto verso l'alto.

Questo è l'opposto di "**bear**" (orso): un bear market è quando il prezzo continua a scendere o comunque è sempre sul fondo e non ha la tendenza rialzista.

Diciamo che bull è quel momento in cui c'è euforia, bear invece quando c'è panico e distruzione.

Abbiamo poi il "**burn**": è il processo di coin burning che ha come obiettivo la rimozione permanente di monete dalla circolazione riducendo quindi la fornitura totale.

Ma cosa significa?

Immaginate di avere cento milioni di una criptovaluta e di aver programmato questa criptovaluta in modo che ogni tot mesi una parte della circulating supply venga distrutta.

Questo significa che praticamente ci sarebbe meno offerta di questa coin sul mercato e di conseguenza probabilmente il prezzo si alzerebbe; quindi, il burn del token o il burn della coin rappresenta l'eliminazione permanente dalla blockchain e della rete.

Praticamente è la rimozione permanente di una parte delle criptovalute che sono esistenti.

Che cos'è il "**capital gain**"?

Questo non è un termine prettamente legato al mondo delle criptovalute, però vedremo che anche per quanto riguarda la fiscalità sarà importante.

Il capital gain è la plusvalenza realizzata dalla compravendita di asset quali azioni (quindi lo stock market), criptovalute, immobili o altro.

Non rappresenta quindi un guadagno realizzato con il proprio lavoro o in generale prestazioni lavorative.

In pratica non è il salario (lo stipendio) ma è una differenza.

Immaginate di aver comprato una casa a 80.000€ e la vendete a 100.000€: quei 20.000€ rappresentano la plusvalenza e quindi il capital gain; le tasse ovviamente verranno pagate su quello.

La "**circulating supply**" è il numero di coin o token di una determinata criptovaluta che vengono rilasciati sul mercato.

La "**total supply**", invece, è la disponibilità massima di quella determinata coin o token.

In pratica la circolante non sempre corrisponde al totale della supply, quindi alla disponibilità, ciò significa che per molti progetti le cripto vengono diluite nel tempo a livello di rilasci: non sono tutte disponibili subito ma vengono rilasciate nel tempo.

"**ETF**" è un importante concetto del mercato azionario che a volte potreste sentire.

Gli ETF (exchange trade funds) sono particolari fondi di investimento a gestione passiva.

Come accade per tutti i fondi, quando si acquista un ETF è come se si acquistasse un paniere di titoli, ovvero un insieme di titoli diversi.

La performance dell'investimento, quindi, sarà data dal risultato di tutti i singoli strumenti in cui il fondo investe.

Per capirci, sentirete Standard & Poor 500 (S&P 500) che, per semplificare, è un ETF che racchiude le 500 migliori aziende americane in quel momento, in questo modo quindi vedete qual è l'andamento della Borsa americana sulla scorta di questi 500 titoli che vengono racchiusi in questo ETF.

Il Nasdaq invece è l'elenco, non delle 500 migliori aziende, ma delle migliori aziende tecnologiche americane.

È possibile quindi che nell' S&P 500 e nel Nasdaq ci siano le stesse aziende (ad esempio Amazon, Google, Facebook) ma in una ripartizione percentuale diversa: nel Nasdaq probabilmente queste aziende saranno più presenti rispetto all' S&P 500 dove magari ci sono aziende che non si occupano del settore tecnologico.

Le "**fee**" (o fees al plurale) sono le tasse da pagare, generalmente agli exchange dove si compra e vende, per far sì che venga effettuata una transazione; praticamente sono i costi di gestione, i costi di spostamento e i costi di vendita.

Non è detto che siano solo all'interno dell'exchange, dato che si può operare anche al di fuori, però concettualmente è come quando voi andate in posta, pagate qualcosa e vi chiedono l'euro per la transazione: quell'euro per la transazione è la fee.

La "**FOMO**" è un altro concetto importante, acronimo di Fear Of Missing Out, ossia la paura di rimanere fuori dai giochi.

Generalmente si manifesta quando c'è molta euforia su un asset e il prezzo tende a salire velocemente.

Per esempio, Elon Musk twitta Dogecoin, e parte la FOMO, ovvero la paura di non avere quell'asset perché tutti ne parleranno, tutti lo vorranno possedere e di conseguenza il prezzo in genere sale.

Ovviamente, spesso la FOMO è seguita poi da un dump, ovvero un crollo del prezzo dovuto all'incremento repentino generato in questo caso dalla FOMO.

La "**FUD**" è la traduzione dall'inglese di paura, incertezza e dubbio (Fear, Uncertainty and Doubt).

È un termine generalmente utilizzato per rappresentare i rumors o i pareri negativi sull'andamento di una cripto che fa leva sulla paura degli investitori.

In genere si dice "non fare FUD" quando qualcuno inventa una notizia o mette in giro una notizia che potrebbe avere delle ripercussioni psicologiche sugli investitori tale per cui magari saranno portati a vendere.

Una notizia di FUD potrebbe essere, per esempio, "gli americani banneranno Bitcoin": siccome non è neanche una notizia verificata, si dice di non fare FUD per non fare allarmismo inutile.

"**HARD FORK**" è la modifica del protocollo di una moneta, quindi una divisione di una blockchain con la formazione di un nuovo protocollo, di conseguenza una seconda blockchain.

Per semplificare mettiamo il caso che ci sia una criptovaluta come Bitcoin cash: all'interno del team di sviluppo nascono due correnti diverse e magari dal contenzioso tra queste due correnti di pensiero nasce Bitcoin cash 1 e Bitcoin cash 2.

Ecco, questo è un HARD FORK, quindi una formazione di una seconda criptovaluta dalla prima.

Non è detto che entrambe vadano avanti, magari una avrà più successo dell'altra.

Talvolta, quando uno possiede un cripto, viene anche in possesso, diciamo gratuitamente, di un'altra cripto che è quella generata.

Con il concetto di "Airdrop" si intende proprio quando ti viene regalato qualcosa, quando ti ritrovi nel portafoglio delle clip che ti vengono regalate solo perché hai fatto qualcosa: ad esempio, hai detenuto una determinata criptovaluta o hai fatto una determinata operazione sulla blockchain o sugli exchange.

L'"hype" non è un concetto prettamente legato alle criptovalute, ma è bene parlarne, può essere collegato alla FOMO (lo possiamo considerare lo step successivo) esso rappresenta l'alto indice di attenzione mediatica su un determinato evento, o su una determinata criptovaluta in questo caso, che in genere determina un prezzo a rialzo dell'asset coinvolto dai rumors e dalle news.

Possiamo dire che **L'hype** è quando tutti parlano di una determinata cosa e quindi inizia ad aumentare l'interesse per questo determinato argomento.

Per rendere meglio l'idea, mettiamo il caso di una campagna pubblicitaria dove all'inizio su uno sfondo nero compare un punto di domanda bianco: questo si fa per creare hype su questo progetto.

Che cos'è? Che cosa vuole rappresentare? Che cosa pubblicizzeranno?

Qui si inizia a creare dell'hype, quindi dell'attesa.

Ad esempio, prima dell'uscita di un film o di un videogioco, c'è tanta attesa, la gente non fa altro che parlarne, l'hype è proprio questo.

Quello dell'"inflazione" è un concetto molto importante.

In seguito, parleremo infatti anche del fatto che il Bitcoin è deflattivo, ovvero è al contrario dell'inflazione.

L'inflazione è l'aumento del costo dei beni e dei servizi in un'economia.

Con l'inflazione un'unità di moneta perde potere di acquisto, cosa che rende l'inflazione un fattore di svalutazione della valuta.

La valuta legale è una moneta (insomma l'euro, il dollaro eccetera), chiamata anche fiat.

Che cosa si intende quindi per inflazione?

Per capirci, una volta 1 kg di pane si pagava 3€ mentre adesso invece 4€.

A causa dell'inflazione, il potere di acquisto del denaro è diminuito.

Abbiamo poi la "**leva**": con questo termine ci si riferisce ad uno strumento che permette di moltiplicare l'esposizione sul mercato senza però impegnare ulteriore capitale di tasca propria ricorrendo ad una sorta di prestito.

Ad esempio, se investo 1.000€, mi faccio prestare in questo caso 9.000€ dall'exchange come se fosse la banca e quindi opero con 10.000€.

È chiaro che l'operazione diventa più rischiosa perché l'exchange vorrà tutelare i propri 9.000€ e quando il bene che io ho acquistato per 10.000€ varrà meno di 9.000€ la posizione verrà chiusa perché la banca vorrà garantirsi i suoi 9.000.

Ovviamente ci sono dei prestiti e quindi sul prestito ci saranno da pagare dei tassi di interesse.

È chiaro che se il bene che io ho pagato 10.000€ domani varrà 20.000€ io avrò guadagnato in proporzione molto più che avendo investito solo 1.000, quindi restituirò il prestito alla banca ma mi rimarrà un guadagno più alto.

Il guadagno è appunto denominato **gain**.

Il trading a leva è detto trading a margine, dove per trading si intende l'operazione di comprare e vendere per produrre del profitto.

Il "**mining**" (in questo caso del Bitcoin) è il processo attraverso il quale avviene l'estrazione dei Bitcoin utilizzando la potenza di calcolo di un computer o di un altro dispositivo dotato di un processore in grado di eseguire calcoli complessi.

Vedremo quindi che l'estrazione del Bitcoin, il re delle criptovalute, avviene tramite calcoli informatici che garantiscono anche la sicurezza della rete e di conseguenza il corretto spostamento dei Bitcoin da una parte all'altra e quindi delle transazioni che sono soggette a delle fee.

"**Whale**" (che letteralmente significa balena) è un termine che indica qualcuno che dispone di un'ingente quantità di una specifica criptovaluta in grado di influenzare l'andamento del prezzo della stessa.

In genere, sul Bitcoin si definisce balena chi ha più di 1.000 Bitcoin in portafoglio (è un importo molto elevato), in altre criptovalute invece, valendo meno, servono più pezzi, circa 10.000.

Se una balena vende 1.000 Bitcoin può innescare un processo di vendita al ribasso anche da parte dei retail, ovvero noi, i piccoli investitori.

Di conseguenza, potrebbe portare ad una discesa del prezzo.

Spesso una balena, soprattutto se è gigante, vende magari 20.000 Bitcoin, il prezzo crolla perché c'è la paura e gira la FUD, iniziano a girare rumors negativi, vende magari 20.000 Bitcoin a 50.000 dollari, il prezzo va a 45.000 e non ne ha più 20.000 ma ne ha ben di più perché ricompra al prezzo più basso e diventa sempre più una balena.

È quindi un mercato sostanzialmente manipolato: le mani deboli in genere vendono quando il prezzo crolla e le mani forti invece gestiscono il mercato.

Terminiamo con il termine "**whitepaper**" che è il documento informativo relativo ad una criptovaluta.

Solitamente tale documento viene redatto prima della creazione vera e propria del software e contiene essenzialmente un manifesto che indica gli obiettivi, la tecnologia ed i problemi che intende risolvere il progetto legato alla criptovaluta che verrà creata.

Io voglio creare una criptovaluta e mi chiedo perché lo sto facendo (ad esempio per permettere lo scambio di denaro), faccio una dichiarazione d'intenti e poi specifico anche quanti token o quante cripto creerò con il nome di questa nuova criptovaluta e quanti eventualmente ne brucerò se c'è quel burn di cui parlavamo prima.

È quindi il manifesto di intenti che spesso viene anche aggiornato nel tempo dagli sviluppatori.

Questo, come nel caso del burn, modifica in genere il sentiment degli investitori, quindi, sull'idea di fondo che un investitore si fa sul prezzo, di conseguenza ci sono spesso delle variazioni che portano ad un incremento o decremento del prezzo.

Se, quindi, si mantiene fede a quello che c'è scritto nel whitepaper, e anzi vengono incrementate le percentuali del burning (quindi del burn), il prezzo sicuramente potrebbe salire.

Se, al contrario, nel whitepaper io ho dichiarato che farò il burn del 10% delle cripto e poi ne faccio il 5%, ovviamente ci potrebbe essere un po' di insoddisfazione da parte degli investitori che si aspettavano una riduzione della supply circolante e della total supply.

CAPITOLO 2

Analisi SWOT: Cos'è, perché è Fondamentale Conoscerla e come Applicarla

In questa lezione introduttiva del nuovo capitolo affronteremo quello che è il tema dell'investimento in criptovalute, o meglio, cercheremo di capire quali sono i punti di forza, i punti di debolezza e le criticità di questo business.

Prima di addentrarci in temi come Bitcoin e prima di capire come acquistare, vendere oppure semplicemente detenere o trasferire le criptovalute, è importante capire se effettivamente questo business fa per te.

È importante, quindi, vedere se le opportunità che più persone hanno visto in questo business corrispondono alle tue aspettative e, di conseguenza, vedere se anche le possibili minacce possono essere tollerate dal tuo grado di rischio.

Andiamo per ordine però, in questa parte anticiperemo il concetto dell'analisi SWOT.

L'analisi SWOT è un procedimento che tu effettui tutti i giorni senza rendertene conto.

Facciamo un esempio: immagina di dover acquistare una prima casa, in questo caso sicuramente andresti ad analizzare qual è il prezzo di mercato nella zona di interesse e sicuramente andresti a controllare anche le mura di casa o gli infissi.

Per evitare brutte soprese, potresti informarti anche circa il venditore di questo immobile e magari, se sei particolarmente preciso, potresti controllare tramite un notaio se ci sono delle ipoteche su questo immobile.

Ecco, in tutto questo processo non hai fatto altro che analizzare le opportunità, i punti di debolezza, i punti di forza e anche le possibili minacce che ci sono dietro la scelta di acquisto di un immobile.

L'analisi SWOT tradotto in inglese sta per strengths (punti di forza), weaknesses (punti di debolezza), opportunities (opportunità) e threats (minacce).

È importante parlarne perché le opportunità che ci sono in questo momento non sono le stesse che ci potrebbero essere per esempio da qui a 12 mesi.

È il caso, quindi, di affrontare quelle che sono le opportunità in questo momento così come anche i punti di forza e i punti di debolezza.

Ovviamente però, non vanno dimenticate le minacce: queste, infatti, sono un punto fondamentale.

Nessuno vorrebbe acquistare una casa che poi si scopre essere abusiva o essere truffato dalle agenzie immobiliari; quindi, è necessario svolgere un'analisi approfondita sui punti di forza, punti di debolezza, sulle opportunità e sulle minacce che ci sono nel mondo delle criptovalute.

Di volta in volta andremo ad analizzare sempre più nel dettaglio i vari punti che vanno ad intersecarsi con queste tematiche, però all'inizio è giusto avere una visione generale di quello che è il mondo delle criptovalute lato investimenti e lato concettuale.

Analizzeremo quindi se ci sono opportunità o meno e soprattutto se queste opportunità sono compatibili con il tuo modo di pensare e con il tuo stile di vita (potrebbero esserci infatti dei punti di debolezza che non vanno d'accordo con il tuo carattere, come per esempio decidere di non voler accettare il rischio di alta volatilità).

S - Strengths (I Punti di Forza)

ADESSO CHE ABBIAMO una panoramica di quello che ci aspetta nell'analisi SWOT iniziamo ad addentrarci nelle singole voci partendo dai punti di forza.

La parte speculativa in questo momento è quella predominante.

Noi siamo qui perché vogliamo arricchirci o comunque migliorare la nostra condizione economica; quindi, sicuramente la possibilità di forti gain è il primo punto di forza di questo mondo.

L'alta volatilità, infatti, ci dà la possibilità di fare forti gain in poco tempo, possibilità che invece ci è inibita con altri tipi di investimenti.

Chiaramente, se andiamo ad investire ad esempio nell'immobiliare avremo dei ritorni sul lungo periodo, probabilmente anche buoni, però si parla di 10-20 anni; allo stesso tempo, andando ad investire in Borsa (quindi nello stock market) avremo la possibilità

di fare ad esempio un 10-12% annuo medio su degli indici azionari americani però anche questo richiede tempo, dovremmo comunque aspettare 3-4 anni per vedere incrementare sensibilmente il nostro portafoglio.

Ovviamente però, se si investono cifre importantissime, milioni di euro, possiamo chiaramente ottenere dei ritorni anche nell'ordine delle centinaia di migliaia di euro, però purtroppo non tutti dispongono di questa cifra.

Sei qui quindi per fare forti gain, ma sei qui anche perché avrai sentito tramite i media che arriverà un data di inflazione.

Più avanti parleremo anche del potere antinflattivo del Bitcoin, ma l'inflazione che cos'è?

L'inflazione è quel fenomeno che fa sì che il tuo denaro valga meno: se ora puoi comprare 1 kg di pane con 3€, a seconda delle zone d'Italia in cui ti trovi, un domani probabilmente ti costerà 3.50€.

Ecco, quello 0,50€ in più rappresenterà, un'inflazione.

Fra 10 anni probabilmente quel kg di pane ti costerà 6€ e quindi il denaro di cui tu disponi varrà sempre meno.

Se il denaro perde valore, il Bitcoin in realtà continua ad acquisirlo, vedremo più avanti tutte le logiche che sono dietro al meccanismo antinflattivo del Bitcoin, ma in questo momento basta sapere che il numero di Bitcoin che viene prodotto è sempre inferiore ogni quattro anni.

Questo significa che mentre il denaro viene stampato continuamente e in misura sempre maggiore (ad esempio nel 2020 sono stati stampati circa il 30% dei dollari totali presenti nel mondo) il Bitcoin si va a ridurre; quindi, la natura antinflattiva del Bitcoin è sicuramente un punto a favore per quanto riguarda la protezione del patrimonio.

Questo è il secondo punto di forza: il Bitcoin potrebbe rappresentare per te una riserva di valore.

In passato si utilizzava ad esempio l'oro, quindi accumulando oro si accumulava un asset che nel tempo si apprezza.

In realtà, in questo momento stiamo vedendo che non è più così, quantomeno non è più come in passato, tant'è che i grossi fondi si stanno spostando sul Bitcoin perché l'oro non rappresenta più un asset che si va ad apprezzare così tanto nel tempo come in precedenza (si è apprezzato molto poco l'ultimo anno).

Il terzo punto di forza di questo mondo è che comunque c'è privacy, c'è segregazione del patrimonio, ci sono infatti delle modalità per cui i tuoi Bitcoin possono uscire dai radar, possono non essere associabili alla tua persona, possono non essere aggredibili fiscalmente.

Attenzione però, questo non significa che io stia sponsorizzando un'evasione fiscale o quant'altro, significa solo che questi beni sono fuori dai radar ed è molto importante.

Una volta si prendevano i soldi dalla banca e si mettevano sotto il materasso ma erano comunque soggetti al furto da parte dei ladri.

Qualcuno dirà che le banche possono essere associate ai ladri ma questo è un altro discorso.

Nel caso del Bitcoin invece i Bitcoin "impostati" per essere di nostra proprietà, cioè di nostra proprietà effettiva, sono nostri e nessuno ce li può toccare, gli unici che possono perderli siamo noi stessi.

Allo stesso tempo, però, dobbiamo stare attenti a non perderli perché potremmo perdere le chiavi di accesso al nostro portafogli e di conseguenza perdere i Bitcoin.

Il vantaggio però rimane: qualora crollasse il sistema bancario, ci espropriassero di tutte le case, perdessimo il lavoro, qualora succedesse qualsiasi evento che coinvolge asset finanziari tradizionali, noi comunque disporremo ancora del Bitcoin.

Il quarto punto è quello del passive income, ovvero la rendita passiva.

Il mondo delle criptovalute è molto vario e nelle sue sfaccettature trovi sicuramente la possibilità di farti anche una rendita passiva.

La rendita passiva è tutto ciò che fa sì che noi non dobbiamo agire attivamente per ottenere una rendita, ovvero non dobbiamo lavorare ma è il denaro o l'asset che lavora per noi.

Nel caso specifico, ci sono criptovalute che tramite dei processi particolari (ad esempio lo staking oppure il flexible staking, quindi attraverso gli exchange) ci danno una percentuale di ritorno annuo che può essere più alta o più bassa.

Diciamo che, ad esempio, i principali exchange ci danno 1-2% sui Bitcoin però ci danno anche il 6-7% sui dollari (o meglio sulle Stablecoin che hanno un valore ancorato al dollaro) oppure banalmente un 3-4% sugli euro.

In banca non ti danno nulla, anzi, la banca può chiedere di ridurre il quantitativo di denaro che c'è sul conto corrente con pena chiusura dello stesso, mentre nel mondo delle criptovalute hai la possibilità di ottenere una rendita passiva.

È importante ricordare che tanto è più alta la percentuale della rendita, tanto è più rischioso l'investimento.

L'ultimo punto a favore è che il periodo è quello buono, siamo in piena bull run.

La bull run, o meglio detta "corsa del toro", è il periodo top di un asset: l'asset sta correndo verso i propri massimi, ogni giorno segna un massimo nuovo, quindi il valore incrementa ogni giorno, e di conseguenza siamo nel periodo in cui c'è maggiore euforia.

Chiaramente, come sempre, finirà anche questo periodo quindi questo è probabilmente il momento migliore per entrare nelle criptovalute.

W - Weaknesses (I Punti di Debolezza)

OVVIAMENTE, SE CI SONO dei punti di forza ci devono essere per forza anche dei punti deboli.

I punti deboli li andremo ad analizzare adesso e faremo una overview di tutti quei punti che bisogna tenere a mente prima e dopo aver investito in questo mondo.

Se nei punti di forza abbiamo annoverato l'alta volatilità intesa come possibilità di forti gain, dobbiamo considerare che l'alta volatilità può portare anche a forti perdite.

In questo caso si parla della possibilità di perdere tutto e bisogna tenerne assolutamente conto.

Mi è successo l'anno scorso di comprare una criptovaluta che valeva 0,50-0,60 € e me la sono ritrovata dopo due o tre mesi a 0,05 €0,05: in questo caso non sono andato a 0 ma ho perso il 90% del mio valore.

È un rischio molto alto e quindi dovete tenerne assolutamente conto.

Chiaramente vi darò anche la possibilità di selezionare le criptovalute che hanno più o meno rischio.

Il secondo rischio è sicuramente quello dell'exchange, ne parleremo più approfonditamente più avanti dell'exchange, ma innanzitutto definiamo cos'è: è una delle banche delle criptovalute; infatti ci sono tanti exchange e quindi ci sono tante banche delle criptovalute.

Il rischio è che questa banca non sia controllata da un ente, non sia regolamentata da leggi dello stato e non sia neanche garantita (come le banche tradizionali) dall'Europa; quindi, che non ci sia un fondo che in caso di perdita di denari ce li restituisca; con questo voglio dire che se voi affidate i soldi a queste banche potreste anche perderli e nessuno ve li andrà a restituire.

Passiamo ora al terzo punto.

Se è vero che l'exchange rappresenta una banca delle criptovalute, seppur non regolamentata, è anche vero che le criptovalute nascono con una natura decentralizzata.

Ciò significa che nessuno le controlla e quindi sono controllate dagli stessi detentori delle criptovalute.

Analizzeremo questo punto più avanti (quando parleremo del Blockchain e in generale delle criptovalute), ma è importante capire che la gestione decentralizzata fa sì che le operazioni siano in mano a te; quindi, il rischio è che sbagliando un'operazione, tu possa andare a perdere le tue criptovalute perché non ci sarà più una banca a cui rivolgersi.

È chiaro che quando operiamo tra exchange, quindi tra banche di criptovalute, possiamo anche avere la possibilità di recuperare i nostri asset, ma quando invece lavoriamo su portafogli (wallet) privati, il rischio di sbagliare c'è ed è giusto parlarne.

Ricordatevi che quando commettete un errore tecnico (ad esempio dimenticare le password per accedere al wallet) ovviamente rischiate di perdere le vostre criptovalute, dovete essere assolutamente consapevoli di questo e quando fate un'operazione dovete stare attenti.

Il quarto punto, molto importante, è l'impatto psicologico che questo mondo avrà su di voi.

Sembra banale, ma quando voi vedrete il vostro portafoglio aumentare o diminuire di valore questo vi provocherà un grosso problema nel corso della vostra giornata.

Immaginate di investire 1.000 € e trovarne il giorno dopo 1.500 €: ovviamente l'euforia vi porterebbe a vivere sopra le righe quella giornata.

Al contrario però, immaginate di essere passati da 1.000€ a 1.500€ e il giorno successivo a 700€: inizierete ad innescare quel meccanismo logico che vi porta a dire "ho perso 800 €" quando in realtà state perdendo 300 € o meglio, non state perdendo niente perché non avete ancora venduto le vostre criptovalute ma continuate a detenere quell'asset.

L'impatto psicologico, quindi, non è da trascurare, è veramente il centro del successo o dell'insuccesso per quanto riguarda l'investimento nelle criptovalute.

Tenete a mente che in questo tipo di mondo comanda esclusivamente la vostra psicologia, la vostra testa e soprattutto le vostre emozioni: anche il più razionale di voi verrà letteralmente travolto da questo settore.

O - Opportunities (Le Opportunità)

SIAMO TUTTI ALLA RICERCA sempre di nuove opportunità, quantomeno le persone dinamiche come noi.

Che cosa dire di queste opportunità quindi?

Andiamo ad analizzare i punti uno ad uno.

Facciamo una premessa: il mondo delle criptovalute è fortemente in espansione e questa forte espansione ci porta ad avere i punti di forza e i punti di debolezza che abbiamo identificato prima.

Allo stesso tempo però abbiamo una grossa opportunità, quella di rientrare tra gli early adopter, ciò significa poter rientrare tra le persone che sono le prime ad utilizzare questa nuova tecnologia, come se fossimo i primi navigatori in internet, per capirci, le prime persone che utilizzavano internet, le prime persone che creavano siti internet.

Ecco, sembrerà strano, ma noi siamo ancora degli early adopter, cioè siamo ancora tra i primi a parlare delle criptovalute.

Provate a pensare alla vostra famiglia: quante persone sono avvezzi alla tecnologia?

Quante persone sanno che cos'è il Bitcoin?

In fondo siamo quindi tutti dei precursori e questo è un punto molto importante perché essere dei precursori ci dà dei vantaggi.

Il secondo punto è costituito da un'altra opportunità (che, come abbiamo visto, è anche un punto di forza) ovvero proteggere il nostro capitale, quindi protezione dall'inflazione.

Vedremo poi approfonditamente la natura antinflattiva del Bitcoin e dovremo andare a ragionare anche sul proteggere il nostro denaro perché il denaro perde valore nel tempo.

Il terzo punto è la differenziazione del portafoglio: abbiamo l'opportunità di andare ad investire in un nuovo asset, un asset sconosciuto a molti, è un asset che nell'ultima decade si è apprezzato annualmente del 200%.

Abbiamo quindi l'opportunità di non comprare la solita casa, di non comprare il solito oro, di non investire negli ETF o nelle solite azioni americane, ma di differenziare il nostro portafoglio e diminuire di conseguenza parzialmente il rischio o quantomeno incrementare le possibilità di aumentare il nostro patrimonio andando a controbilanciare degli investimenti che sono meno rischiosi.

Una casa, ad esempio, in genere rappresenta un rischio inferiore rispetto all'acquisto di un Bitcoin, però una casa ci dà un ritorno inferiore a quello che ci può dare un Bitcoin, quindi, è un bilanciamento del proprio portafoglio.

Il quarto punto è rimanere al passo con i tempi.

Immaginate di essere totalmente avulsi dal mondo tecnologico informatico, come vi sentireste?

È importante capire quindi che per evitare questa sensazione spiacevole di frustrazione per essere rimasti indietro è necessario iniziare sin da oggi a studiare, a comprendere i meccanismi che stanno dietro alle criptovalute, perché non è escluso che la finanza del futuro passerà attraverso queste ultime.

Quinto punto: creazione futuro per figli: potrete investire una piccola quantità di denaro oggi per cercare di garantire ai vostri figli un futuro più roseo.

Facciamo un esempio: ad oggi è possibile acquistare un centesimo di Bitcoin con circa 580 dollari ed è possibile che un domani un centesimo di Bitcoin valga 100.000 dollari.

In questo modo voi avrete creato il futuro per i vostri figli perché per quanto l'inflazione andrà a mangiare il valore di quei 100.000 dollari avrete comunque dato la possibilità ai vostri figli di disporre di una certa quantità di denaro utile quantomeno alla sopravvivenza o ad avviare quello che è il loro percorso di vita.

Questo discorso, ovviamente non coinvolge solo i genitori, potreste avere dei nipoti, dei fratelli, degli amici, o qualsiasi persona cara, che un domani necessiterà di una somma di denaro che oggi voi non avete e che neanche immaginate di poter ottenere con un piccolo investimento in criptovalute.

T - THREATS (Le Minacce)

È CHIARO CHE IN TUTTO ciò che facciamo c'è un rischio, ci sono dei punti di forza, ci sono delle opportunità e ci sono anche delle minacce.

Vediamo quelle che riguardano il mondo delle criptovalute, quantomeno le principali.

Sicuramente non ti sei avvicinato a questo mondo inizialmente perché avevi paura di fregature, dove per "fregature" intendo l'insieme di tutti quei siti, applicazioni, schemi Ponzi e tecniche che fanno sì che tu perda il tuo denaro.

Nelle criptovalute ce ne sono veramente tante ed è facile incapparvi.

Facciamo un esempio: vedremo più avanti che il proprio wallet è costituito da delle parole segrete tramite le quali voi accedete al vostro denaro (in questo caso alle vostre criptovalute): se qualcuno vi dovesse mai chiedere queste password voi non dovete dargliele perché nessuna applicazione tecnologica relativa alle criptovalute vi chiederà mai queste parole.

In buona fede potreste dare delle informazioni private a terzi i quali poi in malafede entrano all'interno nel vostro portafoglio e rubano le vostre criptovalute.

C'è da stare attenti, ma non bisogna essere terrorizzati da questo perché ci sono dei sistemi di sicurezza che bisogna utilizzare per far sì che tutto questo non ci riguardi.

La minaccia più grossa è sicuramente quella emotiva.

Comprare e vendere criptovalute è veramente semplice, si tratta di fare un click.

L'emotività però farà sì che questo click diventi tanto leggero quanto pesante.

Questo sarà infatti il motivo per cui tu venderai o comprerai criptovalute sia in caso tu l'abbia pianificato sia in caso tu non l'abbia pianificato; quindi, avere una propria strategia sarà fondamentale per imbrigliare l'emotività.

L'emotività non potrà essere azzerata, non potrà essere annullata e non c'è nessuno, neanche il più razionale, che non ne viene influenzato.

Questa può essere in senso positivo vista come euforia, ma in senso negativo vista come depressione, ebbene sì, si può arrivare alla depressione per le criptovalute.

È una minaccia al tuo benessere, al tuo portafoglio, ai rapporti sociali e addirittura ai rapporti sentimentali, quindi è fondamentale non trascurare l'emotività.

Il terzo punto sono gli errori tecnici, questi purtroppo si può solo provare a prevederli e prevenirli ma prima o poi capitano a tutti.

Ad oggi, grazie ad un check continuo prima di procedere a determinate azioni e soprattutto grazie ad un metodo, si può evitare di fare errori tecnici gravi ma in ogni caso bisogna stare molto attenti perché l'errore è dietro l'angolo e quindi bisogna per prima cosa conoscere lo strumento e poi prestare sempre la massima attenzione a ciò che si fa.

L'ultima minaccia è la bolla speculativa/ ban degli stati.

È indubbio che ad oggi il Bitcoin abbia già corso parecchio, ciò significa che prima o poi potrebbe arrestarsi questa corsa e addirittura diventare una regressione, ovvero il prezzo del Bitcoin potrebbe anche abbassarsi.

Ad oggi, Bitcoin vale 58.000 dollari, però nulla vieta al Bitcoin di arrivare a 500.000 dollari e poi tornare a 50.000 dollari; quindi, in prospettiva potrebbe scoppiare una bolla che effettivamente adesso è solo agli inizi.

Per ban degli stati invece intendo dire che essendo le criptovalute un tema ancora prettamente futuristico (nel senso che non sono ancora diffuse, siamo early adopter) è possibile (ma non probabile al momento) che queste vengano bannate dagli stati: fare quindi in modo che non possano essere commercializzate, scambiate, vendute, acquistate e che quindi non abbiano valore.

È giusto tenere conto di questa minaccia, ma è anche giusto non spaventarsi eccessivamente perché stati come l'America hanno già sposato il progetto Bitcoin e quindi è difficile pensare che un asset in cui Tesla, ad esempio, ha investito 1 miliardo e 500 milioni di dollari venga poi bannato e reso inutilizzabile.

È bene quindi sapere che c'è una forte minaccia al mondo delle criptovalute ma è altrettanto corretto sapere che questa minaccia sta diminuendo nel tempo tanto più incrementa il totale del valore di tutti i Bitcoin.

La somma di tutti i Bitcoin, infatti, ad oggi ha superato il triliardo di dollari quindi si parla di cifre molto importanti.

Facciamo il punto: Analisi SWOT

FACCIAMO UN BREVE RIPASSO dell'analisi SWOT.

Sei qui probabilmente perché vuoi fare dei forti guadagni (gains) e probabilmente vuoi anche differenziare il tuo portafoglio e proteggerti dall'inflazione.

Ovviamente sai che a questo punto devi stare attento a tutti quelli che sono i punti di debolezza perché giustamente c'è un forte rischio (soprattutto a coin minori, quindi non sui Bitcoin) di perdere anche gran parte del proprio denaro, ovvero il proprio investimento.

Quindi, mi raccomando, non sono da sottovalutare i punti di debolezza.

In questo momento storico, tuttavia, ci sono opportunità da cogliere essendo in piena bull run (corsa del toro): come dicevamo, il sentiment bull è quello che porta un rialzo del prezzo quindi ci si aspetta un rialzo del prezzo soprattutto di Bitcoin e di conseguenza del Litecoin, proprio per questo motivo noi siamo qui per cogliere queste opportunità.

Andremo ad approfondire come difendersi dalle minacce, vedremo infatti l'esistenza di scam, ovvero di truffe online, a cui stare attenti, e perché dare la propria password è pericoloso.

Come già detto, non bisogna mai dare le proprie password a nessuno, neanche agli amici, perché lì saranno custoditi i propri soldi, soprattutto quando parleremo dei wallet.

Chiudiamo ricordando l'aspetto psicologico perché sicuramente è molto importante: valuta anche un lavoro su te stesso.

Vedremo poi quando tratteremo la psicologia quali sono i possibili rischi e quali sono le cose a cui stare attenti.

Nel prossimo capitolo inizieremo a trattare delle criptovalute, del Bitcoin e della blockchain e vedremo un'introduzione a quello che sarà il vero fulcro di questo testo, ovvero le spiegazioni con termini semplici ma comunque efficaci di quelle che sono le criptovalute e il mondo cripto.

CAPITOLO 3

Introduzione alle Criptovalute

In questo capitolo andremo ad introdurre le Criptovalute, uno degli argomenti più richiesti e che costituisce il fulcro di questo testo.

Parleremo della Blockchain e del Bitcoin ma questi sono solo una piccola parte del mondo che andremo a scoprire.

È importante quindi studiare bene perché questa sarà la base di tutto quello che verrà dopo.

Innanzitutto, partiremo dal concetto del cambio euro-dollaro.

Infatti siamo abituati a ragionare in euro, ma in questo caso non lo possiamo fare o quanto meno è sconsigliato.

Dopodiché passeremo all'analisi della Blockchain, cioè la rete all'interno della quale si muovono i coin e i token e vedremo anche la differenza tra essi.

Passeremo poi al Bitcoin e tramite questo analizzeremo alcune teorie del principale influencer, ovvero Michael Saylor.

Elon Musk più che un influencer è uno speculatore.

Speculare cosa significa?

Significa voler guadagnare, quando uno compra e rivende sta speculando; quindi, non è un investimento ma una speculazione, in genere di breve termine.

Passeremo poi alle differenze tra l'analisi tecnica e l'analisi fondamentale: sono due tecniche di analisi per valutare l'andamento dei prezzi e quindi basarsi o sui grafici o sulle news.

Finiremo poi col parlare di indicatori molto interessanti, per questo è importante rimanere concentrati durante tutto il capitolo.

Questo, infatti, è un capitolo fondamentale che sarà poi utile per quelli successivi.

Cambiare Paradigma: Euro o Dollaro?

ANALIZZIAMO ORA IL perché dobbiamo valutare tutti i prezzi delle criptovalute (e in generale degli asset su internet) in dollari.

Pensiamo al nostro quotidiano: tu che ti trovi in Italia o chiunque di noi si trovi in Europa è abituato ad utilizzare l'euro; quindi, va a comprare il pane o fa qualsiasi operazione in euro.

Perché dobbiamo cambiare il paradigma e iniziare ad utilizzare il dollaro?

Perché bisogna sapere che l'economia americana è quella che traina il mondo in questo momento.

La Cina sicuramente sta emergendo, ma attualmente l'America ha ancora il pieno controllo dell'economia mondiale; quindi tutto parte dall'America.

È per questo che alcune valute locali, come ad esempio quelle del Sudamerica, o quelle di alcuni stati orientali e mediorientali, sono collegate direttamente al prezzo del dollaro: un esempio è il dirham utilizzato negli Emirati Arabi Uniti.

Quindi perché è importante utilizzare il dollaro?

Perché le soglie psicologiche (e i prezzi quindi) spesso sono collegate al dollaro.

Bisogna considerare inoltre un'altra cosa: quando tu, ad esempio, comprerai un Bitcoin, dovrai tenere conto di due variabili, sia quella del prezzo in euro che quella del prezzo in dollari.

Questo perché, per esempio, il dollaro potrebbe valere 1€ e dopo sei mesi valere 1,50€.

Non si sa quale sarà il cambio futuro del dollaro e quindi bisogna tenere conto della doppia variabile.

Ad oggi, il cambio euro dollaro e 1,21, ciò significa che con 1€ voi comprerete 1,20 dollari americani (non bisogna confondersi con dollari canadesi, dollari australiani eccetera, si sta parlando di dollaro americano).

Significa che qualora il dollaro dovesse rafforzarsi, quindi qualora il dollaro dovesse guadagnare terreno rispetto all'euro, un domani magari con 1€ voi potreste comprare 1,1 dollari quindi perdere 0,11 dollari con 1€.

Qualora invece il dollaro dovesse perdere valore, a quel punto potreste anche andare a finire a 1,4, ovvero con 1€ prendereste 1,4 dollari.

Moltiplicate questo per migliaia di dollari o migliaia di euro e vedrete che la differenza sarà molto alta, tant'è che molti giocano e scommettono sull'andamento delle valute effettuando praticamente delle operazioni di Forex.

Se sentite parlare di Forex significa anche questo, cioè giocare in borsa o giocare in questo caso all'interno di Exchange o di broker (all'interno di siti quindi che ci permettono di fare il cambio euro dollaro con magari delle fee minori rispetto a quelle delle banche) e in questo modo guadagnare o euro o dollari oppure, viceversa, convertire l'uno nell'altro.

Ricapitolando: noi dobbiamo utilizzare il dollaro perché ad esempio nel Bitcoin ci sono soglie psicologiche come 50.000 dollari; tuttavia, in quel momento il valore dell'euro potrebbe essere diverso da quello di quando voi avete iniziato ad acquistare le criptovalute e quindi la conversione potrebbe non essere la stessa.

È quindi fondamentale per l'analisi tecnica tenere in considerazione il dollaro perché, ad esempio, quando il Bitcoin (se ce la farà) arriverà a 100.000 dollari è probabile che molti venderanno.

Non si sa ad oggi quanti euro varrà 1 Bitcoin quando varrà 100.000 dollari quindi non possiamo basarci sull'euro ma dobbiamo solo ed esclusivamente considerarci agganciati al dollaro.

Ovviamente bisogna considerare bene perché l'investimento è doppio per noi che siamo italiani o per noi che comunque utilizziamo l'euro.

Ad oggi con 100.000€ potremmo comprare tot Bitcoin, il Bitcoin potrebbe salire del 10% ma l'euro perde il 10% nei confronti del dollaro, per esempio, e di conseguenza potremmo ritrovarci con gli stessi soldi iniziali perché poi c'è la doppia variabile sia del Bitcoin che dell'euro sul dollaro.

Dobbiamo quindi stare attenti, ma senza eccessiva preoccupazione, soprattutto nel momento in cui le criptovalute salgono molto velocemente (soprattutto in questo periodo di bull run).

Sicuramente, se fossimo in una situazione di investimento azionario, dove salire del 5-10% annuale è tanto, è chiaro che bisognerebbe tener conto di questa variabile.

Al contrario nelle criptovalute, se noi crediamo che il prezzo salirà e quindi salirà velocemente, è trascurabile la differenza di prezzo tra dollaro ed euro.

Come consiglio ricorda che quando il prezzo di Bitcoin scende, in genere sale il valore del dollaro e quando invece sale il prezzo di Bitcoin il valore del dollaro in genere scende perché il dollaro viene considerato comunque come un asset, come un bene, e in questo caso un bene di rifugio.

Se voi quindi fate caso all'andamento del prezzo del dollaro vedrete che nei momenti di pandemia c'è stato un innalzamento del suo valore.

Prendiamo, per esempio, in considerazione il valore del dollaro negli ultimi 10 anni: inizialmente, nell'aprile 2011 il dollaro valeva 1,43, con la pandemia di marzo 2021 è arrivato a 1,06 per poi risalire nell'aprile 2021 a 1,21.

Capite bene che dovete considerare questa doppia variabile.

Questo è un consiglio più indicato per l'azionario o per gli strumenti più lenti delle criptovalute.

In questo caso le criptovalute sono più veloci ed è possibile, ad esempio, che questa bull run, cioè questo movimento rialzista del 2021, si esaurisca proprio entro fine anno.

Di conseguenza quindi sarà difficile vedere un movimento sull'euro dollaro tanto forte da farci perdere il tasso di conversione dal dollaro all'euro.

Cos'è una Blockchain, Come Funziona e Perché è una Tecnologia così Importante

INIZIAMO ORA AD ADDENTRARCI nel mondo delle criptovalute e ad avvicinarci quindi ai termini principali che ci accompagneranno per tutta questa esperienza.

Inizialmente sembreranno termini complessi, ma in realtà vedrai che con il tempo famigliarizzerai ed inizierai a capire sempre di più il concetto base che sta dietro a ciascun termine.

Il primo termine è "Blockchain".

Possiamo dire che queste criptovalute sono monete virtuali che si muovono su una rete virtuale; quindi, possiamo semplificare dicendo che si muovono all'interno di una blockchain.

Ogni moneta non ha la sua blockchain, perché non tutte dispongono di un servizio tale che richiede comunque uno sviluppo e un lavoro dietro non indifferente.

Il concetto comunque è abbastanza complesso e non entreremo nel tecnico, d'altronde l'importante è capire come funziona la blockchain in generale.

Questa blockchain è fondamentale per capire l'intero mondo delle criptovalute.

Riportiamo la definizione di Wikipedia: "la blockchain, letteralmente catena di blocchi, è una struttura dati condivisa e immutabile".

È definita come un registro digitale le cui voci sono raggruppate in blocchi, concatenati in ordine cronologico, e la cui integrità è garantita dall'uso della crittografia.

Sebbene la sua dimensione sia destinata a crescere nel tempo, è immutabile in quanto, di norma, il suo contenuto una volta scritto non è più né modificabile né eliminabile, a meno di non invalidare l'intera struttura".

Nonostante questa definizione, il concetto però non è ancora del tutto chiaro.

Proviamo a definirlo prendendo come spunto un esempio della vita reale che tutti noi abbiamo sicuramente vissuto.

Tutti abbiamo frequentato la scuola dell'obbligo quindi conosciamo tutti il registro scolastico.

Gli insegnanti annotano le presenze e le assenze, i voti e i comportamenti scorretti, gli alunni non hanno accesso a tale potere e di conseguenza devono subire le decisioni di un potere centralizzato, quindi dell'insegnante o più in generale dell'Istituto scolastico.

Questo comporta che l'insegnante potrebbe annotare qualcosa che non è successo davvero oppure potrebbe ignorare qualcosa che nella realtà si è verificato.

Tutto ciò porterebbe, giustamente, ad una modifica di quella che è la realtà; quindi, verrebbe applicato il punto di vista dell'insegnante e ciò potrebbe andare a discapito della comunità e degli altri studenti.

Che cosa fa la blockchain?

Inibisce questo: fa sì, nel caso specifico, che tutte le alunne e gli alunni e tutti quanti coloro che partecipano alla rete (in questo caso alla classe) dispongano di un registro identico contenente le stesse informazioni presenti nella copia che hanno gli altri e ovviamente quando si aggiorna una copia vengono aggiornate tutte le altre.

Questo, ovviamente, escluderebbe la possibilità di manomissione del registro, perché tutti verrebbero informati immediatamente della modifica avvenuta e che la modifica venga riconosciuta o meno sta a tutti, non sta più al solo insegnante.

Pensate inoltre al registro delle multe del vostro comune: sicuramente trovereste delle anomalie, perché ci sono delle sanzioni date per eventi non avvenuti e ci sono degli eventi avvenuti per cui non c'è la conseguente sanzione.

Quindi è chiaro che dove c'è centralizzazione del potere, dove c'è qualcuno che decide e qualcuno che subisce, è evidente che ci possano essere degli errori o dei disallineamenti.

All'interno della blockchain, invece, tutti vedono tutto, tutti hanno una copia della rete, tutti possono intercettare dei comportamenti scorretti, siano essi con dolo o senza.

Come funziona la rete quindi?

Si auto preserva perché, in caso di problematiche rilevate, ripristina la situazione.

Vedremo poi più avanti anche il concetto di attacco alla rete ma anticipiamo che la rete Bitcoin è una delle più sicure al mondo.

Dunque, per riassumere le finalità e gli scopi della blockchain partirei dalla sicurezza: chiaramente è importante che le criptovalute viaggino su una rete sicura, una rete immutabile come dicevamo prima, una rete che non è aperta a falle o non può subire degli attacchi.

Chiariamoci, in futuro non si sa cosa può succedere e se i computer avranno una potenza tale da "scavalcare" questi vincoli tecnici, tuttavia, ad esempio, la rete del Bitcoin è una delle più sicure e ha garantito nell'ultimo decennio il 99.98% di continuità di rete.

Questo significa che è una delle reti che funziona sempre, è una delle reti più funzionanti del mondo anche perché spesso i sistemi vanno k.o., anche quelli delle banche stesse, mentre invece Bitcoin funziona sempre (escluso i primi anni dove c'è stata qualche micro-incertezza) e in maniera immutabile.

Altro fattore è la decentralizzazione: come dicevamo prima, togliamo potere ad un ente per darlo a tutti quanti i partecipanti alla rete stessa.

Di conseguenza, ci saranno sicuramente dei partecipanti più potenti di altri però, nella sostanza, siamo tutti di pari grado; quindi, abbiamo tutti visibilità di quello che succede; non possiamo tutti influenzare quello che succede, però in ogni caso siamo tutti dei partecipanti allo stesso livello.

Chiudiamo con la neutralità: essa parla del concetto di decentralizzazione ma ciò significa che non ci sarà qualcuno che decide l'andamento della rete, ma questo sarà autodeterminato dalla rete stessa, dai componenti della rete stessa; di conseguenza, diventa anche imparziale.

Quali sono le differenze tra Coin e Token?

PARLIAMO ORA DELLA differenza tra coin e token.

È importante ricordare che coin in inglese significa moneta, mentre per valuta legale o fiat si intendono invece euro, dollari, franchi eccetera, ovvero le classiche valute.

Che cos'è quindi il token?

Facciamo un esempio: Bitcoin ha una sua rete (ovvero una sua Blockchain), dunque ha una Blockchain e allora è una criptovaluta definibile nativa, ossia si appoggia su una rete propria e di conseguenza può essere chiamata moneta o appunto coin.

Ethereum, la seconda criptovaluta, ha una sua blockchain quindi è un'altra coin.

I token, invece, sono quelle criptovalute che al posto di usare una propria rete utilizzano una Blockchain altrui.

Ethereum è la seconda criptovaluta per capitalizzazione poiché grazie ai suoi smart contract permette di creare ad esempio altre criptovalute che utilizzano la sua stessa rete.

Eccoci al punto centrale: tutte le monete che dispongono di una propria rete (per cui è stata quindi sviluppata una propria Blockchain) sono definibili coin, mentre tutte le criptovalute che si appoggiano ad altre reti (ad esempio la rete di Ethereum) sono definibili token.

Token significa gettone: immaginate quindi che si tratti di un surrogato di una moneta vera e propria che si appoggia a una rete di terzi.

Rimane inteso che varie monete inizialmente erano token che si poggiavano su rete Ethereum, e in un secondo momento, col proseguire dello sviluppo tecnico del progetto, si sono staccate da Ethereum andando a creare una propria rete.

In questo caso in genere si parte con una Testnet, ossia una rete di prova, salvo poi avviare la Mainnet, ovvero la rete vera e propria su cui poi vengono migrati i token per diventare veri e propri coin.

Un esempio di token veramente importante è Chainlink.

Bitcoin - Il RE delle Criptovalute

UN ALTRO CONCETTO MOLTO importante da considerare è il Bitcoin.

Riportiamo la definizione di Wikipedia: "dagli esperti di finanza, il Bitcoin non viene classificato come una moneta ma come non riserva di valore attualmente molto volatile.

A differenza della maggior parte delle valute tradizionali, il Bitcoin non fa uso di un ente centrale né di meccanismi finanziari sofisticati, il valore è determinato unicamente dalla leva domanda e offerta: esso utilizza un database distribuito tra i nodi della rete che tengono traccia delle transazioni, ma sfrutta la crittografia per gestire gli aspetti funzionali, come la generazione di nuova moneta e l'attribuzione della proprietà dei Bitcoin".

Per quanto questa definizione metta in luce che il Bitcoin non viene classificato come una moneta, in realtà lo scopo iniziale del Bitcoin era proprio quello di essere una valuta, perché un tale Satoshi Nakamoto nel 2009 avrebbe ideato e realizzato il Bitcoin e la sua prima blockchain.

Lo ha fatto sostanzialmente perché stufo del fatto che la finanza era controllata e manipolata da alcuni soggetti o comunque da gruppi di soggetti, e quindi ha voluto creare un'alternativa alla valuta legale (la valuta legale intesa come euro, yen, dollaro, eccetera, si chiama valuta fiat), ovvero un'alternativa alla moneta stampata creata dalle autorità e delle istituzioni centrali.

La Blockchain del Bitcoin è stata avviata nel 2009 in un periodo di forte crisi economica e, come probabilmente accadrà nei prossimi anni, in un periodo di forte rischio di svalutazione delle valute fiat.

Non vi dice niente che stampano denari come se nulla fosse?

Non vi dice niente che stanno stampando un trilione in America e si parla già di altri tre milioni regalati agli americani?

Il Bitcoin promette una protezione dalla svalutazione monetaria e una protezione dall'inflazione.

Che cosa ha come caratteristica principale il Bitcoin?

Sicuramente, riferendoci alla blockchain, il trasferimento sarà pseudo anonimo perché abbiamo detto che tutti disponiamo di una copia della blockchain, essendo quindi la blockchain aperta a tutti noi sappiamo chi fa cosa.

Da un lato il trasferimento non è anonimo perché tutti sanno che si stanno muovendo tot Bitcoin dal punto A al punto B, dall'altro lo è perché dietro ad un indirizzo pubblico della blockchain non c'è scritto un nome, quindi nessuno sa, salvo comunicazione, qual è l'indirizzo del tuo wallet: nessuno sa che detieni i Bitcoin, che li stai muovendo e dove li stai mandando.

A proposito di scambi, è bene dire che gli scambi di Bitcoin sono peer to peer, ovvero da persona a persona; quindi, generalmente io posso mandare un Bitcoin a voi oppure posso mandare un Bitcoin all'exchange, ma c'è sempre una correlazione tra due soggetti o comunque da tra due enti della rete.

Ultima cosa da ricordare è che ogni criptovaluta (tra cui Bitcoin perché è la prima criptovaluta ma rimane comunque una criptovaluta delle tante) dispone di un codice, di una sigla identificativa, che nel caso di Bitcoin è BTC.

Tieni presente però che in passato veniva utilizzato anche XBT come codice, questo può esserti utile perché in alcuni exchange, come vedremo più avanti, è ancora riportata la sigla XBT e in fase di trasferimento dei fondi potresti avere paura di sbagliare.

Occhio che BTC e XBT sono la stessa cosa.

Ricordatevi inoltre che in sede di trasferimento, un errore di indirizzo, quindi trasferire Bitcoin ad un indirizzo sbagliato, farà sì che la transazione andrà nel nulla e quindi c'è un forte rischio di perdere il vostro denaro (in questo caso i vostri Bitcoin).

Ora che si è capito cosa è il Bitcoin, ci si può chiedere: quanti ce ne sono, e perché sono così di alto valore?

Facciamo un passo indietro e passiamo alla parte denominata tokenomics, ovvero a tutto ciò che ha a che fare con le informazioni di base di ciascuna criptovaluta.

Una criptovaluta ha sicuramente una max supply, cioè la quantità di criptovalute massima che può esserci (massima quantità di monete esistenti) e una circulating supply, la supply circolante; quindi, una supply che effettivamente è stata già rilasciata al mercato, ovvero quella che si trova attualmente all'interno della blockchain (quantomeno già rilasciata per gli acquisti e le vendite).

Vediamo quindi ora quella che è la tokenomics di Bitcoin.

Partiamo dalla max supply, quindi la massima quantità di Bitcoin che ci sarà nel mondo: essa sarà sempre al massimo 21 milioni; quindi, non ci saranno Bitcoin per tutti.

Ogni Bitcoin, tuttavia, è diviso in cento milioni da un'altra unità di misura che si chiama Satoshi, (dal nome di chi ha creato la moneta), quindi in pratica nel mondo ci sono e ci saranno più Satoshi che euro o dollari.

Quant'è la circolante però?

La circolante è 18,7 milioni quindi, sappiamo che da qui al 2200, più o meno, verranno ancora prodotti 21 milioni di Bitcoin meno 18,7 milioni di Bitcoin, fanno circa 3 milioni di Bitcoin.

Ad oggi vengono prodotti 900 Bitcoin al giorno ma vedremo più avanti, con l'introduzione del concerto dell'halving del Bitcoin (dimezzamento), che questa non è una cifra fissa.

Ogni quattro anni, infatti, questa cifra si dimezza, tant'è che all'inizio venivano prodotti molti più Bitcoin al giorno: l'inflazione era molto più alta, adesso invece questa sta diminuendo perché dal 2020 vengono prodotti non più 1.800 Bitcoin al giorno ma la metà appunto, 900 Bitcoin.

Ogni quattro anni quindi la produzione viene dimezzata e di conseguenza l'inflazione, che prima era veramente alta perché non c'era circolante, sta prendendo una piega sempre migliore per quella che è la dinamica del Bitcoin perché andrà sempre di più a diminuire.

Ciò significa che ci saranno meno immissioni di Bitcoin nella rete e quindi quelli che verranno immessi verosimilmente varranno sempre di più, soprattutto perché ci sono molte persone che detengono Bitcoin e lo tengono da parte (hold, lo holdano, lo tengono sul lungo periodo).

Per quanto riguarda la circolante invece, più si va avanti e più i Bitcoin saranno in circolo; quindi, se ne produrranno sempre meno fino ad arrivare a 21 milioni.

Significa che l'introduzione di nuova valuta, di nuovi Bitcoin, diminuirà e di conseguenza l'inflazione scenderà.

Non funziona come il denaro che viene stampato e continua ad incrementare: in questo caso non ci sarà più immissione, saranno finiti i Bitcoin.

Verosimilmente, ci vorranno almeno altri cento anni, però prima o poi ci sarà una fine.

Le politiche attuali di stampa e di immissione di denari invece fanno sì che il dollaro, l'euro e tutte le altre valute, valgono sempre meno perché ce ne sono sempre di più e di conseguenza, essendoci più dollari, le persone dovranno spenderne di più per comprare 1 kg di pane.

Al contrario, di Bitcoin ce ne sono sempre meno quindi chi lo vuole lo deve pagare sempre di più.

Al contrario di come si possa pensare, in futuro non pagheremo tutti con il Bitcoin, e qui ci ricolleghiamo al concetto di base: il Bitcoin è nato probabilmente come valuta ma sta diventando al contrario un bene rifugio, o meglio un asset non più speculativo ma un asset che vale da riserva di valore.

Qui arriva anche la definizione di oro digitale: l'oro ha un alto valore, oltre che per convenzione legata alla cultura e ai relativi usi (es. anello d'oro), anche per la difficoltà di estrazione dello stesso, come accade poi per i diamanti.

Di certo, la sabbia (per esempio) non vale molto perché tutti possono facilmente possederne un'alta quantità.

Questo si definisce criterio di scarsità, cioè poco prodotto, poca offerta, prezzo maggiore per acquistarlo.

La supply (ricordo che è il numero massimo di moneta in questo caso) rappresenta quindi il primo motivo da cui deriva il valore di Bitcoin: ce ne sono pochi, perché su 7 miliardi di persone ci sono solo 21 milioni di Bitcoin.

Spieghiamo inoltre, in maniera semplice, come si produce il Bitcoin: in pratica tutti coloro che collaborano al funzionamento della blockchain confermando lo spostamento dei Bitcoin, ad esempio, e la correttezza di tali spostamenti (qui non si può fare la manipolazione delle multe) ottengono una piccola parte di Bitcoin, pochissimi Satoshi a seconda dei calcoli eseguiti.

Produrre Bitcoin al momento ha un costo stimato di circa 10.000 dollari.

È bene ricordare però che il prezzo cambia: mesi fa era inferiore e adesso è superiore.

Spiegheremo più avanti il meccanismo di hashrate, cioè il meccanismo di incremento di difficoltà o decremento di difficoltà di produzione del Bitcoin: è tutto generato tramite un algoritmo automatico che il sistema di Bitcoin ha già integrato e che fa sì che più persone vogliono generare Bitcoin, meno Bitcoin generano ogni transazione.

Questi 10.000 dollari per generare Bitcoin finisco in energia elettrica, che giustamente serve per alimentare i computer, e anche per i computer veri e propri, perché ogni volta vanno aggiornati per aumentare la potenza di calcolo.

Ecco, quindi, perché viene definito oro digitale.

È bene inoltre aggiungere una riflessione.

L'oro in circolazione è finito?

Quante tonnellate ce ne sono in circolazione?

Ce ne sono altre che non sono in circolazione ma sono presenti in natura?

Non tutto l'oro è ancora in circolazione perché deve essere minato, così come ancora qualche milione di Bitcoin deve essere prodotto, ma la natura continuerà probabilmente a produrre l'oro mentre i Bitcoin invece non potranno mai aumentare.

Tutto questo potenzialmente dà ancora più valore al Bitcoin rispetto all'oro perché è un numero finito mentre l'oro potenzialmente no.

Concludiamo questa disamina con un ultimo punto: sulla blockchain del Bitcoin ciclicamente vengono effettuate delle validazioni che danno le reward di cui parlavamo prima, cioè le ricompense, i Bitcoin stessi, le frazioni di Bitcoin che ogni giorno vengono date a chi produce Bitcoin per accertare che non ci siano state delle violazioni dei protocolli o falsificazione delle transazioni e per confermare anche la correttezza delle transazioni stesse.

Cosa succede se tutti si mettono d'accordo per certificare il falso?

Questo rischio, denominato attacco al 51%, è quasi impossibile che si verifichi tant'è che la rete Bitcoin è la rete probabilmente più affidabile al mondo.

Come detto in precedenza, è stata funzionante, il 99,98% del tempo.

È stata k.o. veramente poche volte, giusto i primi anni di vita.

Perché è complesso che si verifichi questo attacco il 51%, cioè 50 + 1%?

Pensate all'Italia: sarebbe possibile mettere d'accordo nello stesso momento milioni di abitanti a certificare che una cosa sia falsa?

Nel mondo del Bitcoin questa operazione avrebbe un costo di trilioni di euro, infinitamente superiore quindi al guadagno che se ne potrebbe trarre.

La rete inoltre effettua un backup e in caso di anomalie è in grado di ripristinare la situazione dei dieci minuti precedenti all'attacco.

Morale: è molto più facile che fallisca una qualsiasi banca rispetto alla rete del Bitcoin.

Il Mining di Bitcoin: Caratteristiche, Potenzialità e Risvolti Ambientali

COS'È IL MINING?

Il mining è la verifica e l'aggiunta di nuove transazioni, e quindi di nuovi blocchi, ad una blockchain.

Il processo di mining mantiene l'integrità della rete ed è responsabile dell'introduzione di nuove monete nell'offerta circolante esistente.

Stiamo quindi parlando della blockchain, la quale, come abbiamo detto, è composta da blocchi.

Questi blocchi sono delle aggiunte che vengono fatte ogni tot minuti e che rappresentano poi la somma delle transazioni che sono state verificate dai miner.

Quindi io sposto un Bitcoin da me a te, aspetto che i miner mi confermino la transazione, questa viene scritta all'interno di un blocco e questo blocco viene aggiunto alla blockchain.

Tutti vedranno che questa transazione è stata fatta perché la blockchain è pubblica, quindi non ci sono segreti.

Questa è una rivoluzione rispetto al concetto di centralizzazione che abbiamo visto in precedenza.

I miner, che mettono a disposizione la loro potenza di calcolo per aggiungere blocchi alla blockchain, validano le transazioni ogni dieci minuti ed ottengono come ricompensa nuove cripto e le fee pagate da coloro che utilizzano la rete.

Facciamo un passo indietro ora.

I miner sono coloro che svolgono attività di mining, cioè che estraggono il Bitcoin mettendo a disposizione la loro potenza di calcolo, quindi fisicamente i computer o delle mining farm.

Cosa sono le mining farm?

Immaginate un capannone pieno di computer: questa è una mining farm.

Ovviamente non è così semplice il concetto, ci sono dei computer più o meno efficienti, ci sono dei computer con più o meno schede video, però ci sono insomma questi computer in un capannone che sono accesi h24 con dei software che risolvono dei calcoli.

Ecco, il miner mette a disposizione le loro potenze di calcolo per risolvere le transazioni della rete in blocchi e una volta aggiunti questi blocchi alla blockchain, la rete restituisce nel wallet di coloro che hanno minato nuove criptovalute, nel caso specifico nuovi Bitcoin.

Ovviamente, oltre a quello che la rete restituisce come nuova moneta, i miner ottengono anche una parte delle fee che voi avete pagato per spostare Bitcoin dal punto A al punto B perché quando spostate i Bitcoin o le criptovalute, voi pagate delle fee più o meno alte, ma comunque quella percentuale viene restituita anche ai miner.

Ogni giorno vengono risolti circa 144 blocchi ed ogni blocco ha come ricompensa 6,5 Bitcoin, quindi circa 900 al giorno.

I miner ottengono ricompense proporzionali alla potenza di calcolo offerta.

Il mining terminerà nell'anno 2140 circa.

Anche qui facciamo un passo indietro: inizialmente i Bitcoin che venivano erogati ogni 10 minuti erano 50 ma per effetto dell'halving, ovvero il dimezzamento ogni 4 anni della produzione di Bitcoin, questi sono scesi a 6,25 e scenderanno ulteriormente di 4 anni in 4 anni, ciò significa che seppur la maggior parte dei Bitcoin (circa 18 milioni su 21 milioni) sia stata già messa nella blockchain, l'ultima parte richiederà un tempo sempre maggiore per essere immessa nella rete.

Quindi, nell'anno 2140 (all'incirca) verrà completata l'operazione di estrazione, dopodiché comunque i miner continueranno a fornire supporto nella verifica delle transazioni.

Ma come si auto regola il mining?

Ogni 2160 blocchi (circa due settimane), l'algoritmo calcola il tempo medio di risoluzione di un blocco: se è inferiore a 10 minuti viene aumentato il grado di difficoltà, al contrario invece viene abbassato.

È la funzione crittografica da risolvere per generare un nuovo blocco: più sale l'hashrate più potenza di calcolo serve per minare.

Immaginiamo che nel 2009 ci fossero 10 computer a minare il Bitcoin: ovviamente era più semplice calcolare poi le transazioni perché c'erano poche persone e quelle persone se lo spartivano.

Adesso invece immagiamo che ci siano 100.000 computer che in tutto il mondo vanno a generare Bitcoin: è ovvio che l'algoritmo deve salvaguardare sé stesso perché a questo punto rende sempre più difficili i calcoli.

Se all'inizio erano in dieci e avevano necessità di risolvere un blocco in 10 minuti, adesso essendo in 100.000 ci metterebbero una frazione di secondo, ma invece non è così: l'algoritmo del Bitcoin si autoregola e quindi circa ogni due settimane va a verificare il tempo medio che è stato impiegato per minare quel blocco e quindi alza o abbassa la difficoltà di calcolo.

Quindi l'hashrate (questo rapporto), viene innalzato o abbassato.

Quando si parla di hashrate "salito" parliamo di una difficoltà aumentata per i miner; quindi, serve sempre maggiore potenza di calcolo per risolvere un blocco e quindi di conseguenza aumenta il costo di produzione.

Il miner quindi, in poche parole, è costretto a ottimizzare sempre di più il processo di estrazione perché serve sempre più potenza di calcolo per estrarre una parte di Bitcoin ogni dieci minuti.

Se l'hashrate cala, diventa più semplice minare il Bitcoin; probabilmente però l'hashrate è calato perché sono state spente delle macchine o dei server (quindi delle mining farm a causa magari di un ammodernamento) e di conseguenza, essendoci meno persone che stanno minando, l'algoritmo fa sì che sia più facile perché, al contrario, un numero minore di persone richiederebbe un tempo maggiore di dieci minuti.

Ci colleghiamo a questo concetto delle mining farm per parlare anche dell'impatto ambientale.

Innanzitutto, qualsiasi cosa nel mondo consuma energia.

L'uomo ha iniziato a vivere mediante la propria energia, il proprio lavoro, dopodiché ha scoperto il fuoco e con il fuoco ha iniziato a sfruttare un altro tipo di energia, arrivando poi alle rivoluzioni industriali per utilizzare un altro tipo di energia ancora.

Ora siamo arrivati nell'era in cui l'energia viene utilizzata per generare, in questo caso, una valuta, una riserva di valore.

Non dimentichiamo, però, che mining significa estrazione mineraria e come l'oro, l'estrazione di Bitcoin comporta un costo in termini di energia, ma questo non è un aspetto negativo, è una peculiarità del sistema, una caratteristica intrinseca, perché il Bitcoin ha valore proprio perché c'è un costo di produzione, esattamente come l'oro.

L'oro infatti ha un costo di produzione, con la differenza però che questo non è finito (se ne può trovare sempre di più in natura, seppur sia più complesso) mentre invece il Bitcoin è un bene limitato.

Quindi, una volta finiti quei Bitcoin (nel 2140), poi non ce ne saranno più e ci sarà solo il circolante presente in quel momento che verosimilmente sarà 21 milioni meno quelli che sono andati persi.

Perché diciamo che non è così influente il consumo di Bitcoin rispetto ad altre forme di consumo?

Alcune ricerche hanno dimostrato che solo gli americani che lasciano dispositivi elettronici accesi consumano più del Bitcoin; quindi, lasciare accesa la televisione oppure il climatizzatore inutilmente, ad esempio consuma più dei Bitcoin.

Ci si potrebbe chiedere: ma cosa c'entra con questo?

Quello che c'entra è il consumo del sistema attuale finanziario perché non è che le banche non consumino, non è che trasportare il denaro da un punto A ad un punto B non comporti il consumo di petrolio o quant'altro.

Ci sono quindi varie analisi da prendere in considerazione, è semplice puntare il dito contro il consumo energetico ma bisogna conoscere quello che c'è dietro.

Se voi foste dei miner, vorreste pagare sempre il meno possibile di energia elettrica oltre che, tra l'altro, potenziare sempre di più la vostra macchina in modo che faccia più calcoli possibili al secondo.

Ciò comporta che molte mining farm si stiano attrezzando con energia rinnovabile: è chiaro che se dispongono di un sistema di pannelli solari, ad esempio, o si piazzano vicino a delle centrali idroelettriche, sfruttano in quel caso o il sole o l'acqua per effettuare il processo di creazione di energia elettrica che magari va a costare meno, ed è ecosostenibile, permettendo al business di produrre più soldi.

Dunque, dovete ragionare con la vostra testa e non farvi fregare dal sistema perché il sistema vuole trovare dei difetti a Bitcoin e il consumo di energia elettrica da parte di Bitcoin in questo caso ne garantisce l'immutabilità e garantisce che coloro che guadagnano Bitcoin abbiano effettivamente consumato dell'energia.

È un concetto controintuitivo ma, come già detto, in tutte le attività quotidiane noi consumiamo energia per ottenere qualcosa.

In questo caso è proprio il consumo di energia che garantisce l'immutabilità della blockchain perché, per effettuare un attacco al 51%, servirebbe una quantità infinita di energia che nessuno riesce in questo caso a mettere insieme (una quantità di potenza di calcolo che ovviamente deriva anche da un consumo di energia).

È importante quindi ragionare con la propria testa e ragionare anche lato imprenditore che vuole risparmiare sul consumo energetico; quindi, probabilmente le mining farm saranno anche i promotori di energia elettrica.

Inoltre, ci sono dei casi in cui le mining farm permettono a delle centrali idroelettriche o solari di rimanere aperte perché non ci sono più gli aiuti statali ma loro acquistano tutta l'energia che viene prodotta perché gli serve per generare Bitcoin.

Probabilmente quindi, stanno innescando una rivoluzione al contrario, cioè quella di rendere l'energia più pulita possibile, semplicemente per un ritorno economico, non perché sono ambientalisti: vogliono solo risparmiare.

Concludiamo dicendo che al momento i miner sono pochi ma grandi.

Spieghiamo: ci sono delle mining farm giganti che detengono gran parte della produzione di Bitcoin.

Immaginate come 40-50 soggetti producano tutti i Bitcoin e garantiscano il corretto svolgimento delle transazioni sulla rete di Bitcoin.

Sicuramente non si metteranno mai d'accordo per manomettere una rete perché non conviene a nessuno, però diciamo che ci sono delle grandi e giganti mining farm che si occupano della creazione di Bitcoin.

Ovviamente sono locati fisicamente in una posizione geografica positiva per quanto riguarda il costo dell'energia elettrica: non produrreste mai energia elettrica in Italia, non consumereste mai energia elettrica in Italia ai costi nostri; quindi, molti si delocalizzano in Cina o in Iran, dove addirittura è saltata la corrente e c'è stato un blackout perché tutti hanno iniziato a fare mining.

Possiamo quindi dire che la potenza di calcolo è in mano a grossi player e quindi non conviene al piccolo investitore allestire un computer per fare mining perché non ha senso, non riesce a competere con i grandi produttori.

Era tutto diverso nel 2009-2010 quando con un computer in casa riuscivi a produrre tranquillamente Bitcoin, sia perché c'era meno competizione tra i miner e sia perché il blocco generava 50 Bitcoin e non 6,5 come ora.

BTC - Le Teorie Fondamentali di Michael Saylor

MICHAEL SAYLOR È IL CEO di MicroStrategy, un'azienda che ha acquistato una quantità incredibile di Bitcoin (all'incirca 100.000), ha iniziato a comprarli da quando costavano sui 15.000-20.000 dollari e sta continuando a comprarne, sta facendo da apripista per le aziende e non solo.

Ma partiamo dall'inizio: lui è un fautore del Bitcoin perché come già detto, esso è un bene scarso: ce ne sono pochi, c'è poca offerta sul mercato.

Visto che di Bitcoin ce ne sono solo 21 milioni (tra cui alcuni persi perché i proprietari hanno perso le chiavi del proprio wallet) esso è un asset che è limitato in quantità e sicuramente ha un appeal (interesse) che inizia ad apprezzarsi sempre di più nel tempo.

Come dicevamo, lui è un fautore anche dell'interesse aziendale per il Bitcoin perché il Bitcoin combatte l'inflazione essendo un asset inflazionistico e proprio per questo lo stesso Michael Saylor ne consiglia l'acquisto.

È, infatti diventato ormai un guru delle aziende perché dice loro di acquistare Bitcoin e metterlo in portafoglio, quindi di inserire all'interno dei beni aziendali anche solo l'1% di Bitcoin.

Questo proteggerà poi il capitale aziendale anche dalla svalutazione del denaro ed eventualmente anche dell'azienda stessa.

Stare dietro all'incremento dell'inflazione, infatti, sarà difficile: i beni costeranno sempre di più ma la manodopera e i prodotti non costeranno meno e di conseguenza ci sarà probabilmente una svalutazione aziendale che potrà essere combattuta (secondo Michael Saylor), con i Bitcoin.

Parla anche di alta market cap perché parla di Bitcoin come praticamente l'unico marchio da un triliardo di dollari.

Siamo a livello di capitalizzazioni Apple o Microsoft e ci ha messo solo 12 anni a differenza di queste aziende.

Bitcoin ovviamente non è un'azienda però è un marchio che in 12 anni è cresciuto ed è arrivato a valere un triliardo di dollari.

Ricordo che la market cap dell'oro, cioè il totale della capitalizzazione, è sui nove triliardi, quindi non siamo poi così lontani dall'oro digitale.

Michael Saylor infatti, lo definisce proprio come una riserva di valore e su questo punto ha una sua visione: lui sostiene che un asset va venduto nel momento in cui si trova un asset migliore.

Per tanti anni l'asset per eccellenza è stato l'oro, esso ogni anno si sta apprezzando dell'1-2% di media, il Bitcoin invece del 200% nell'ultima decade (ogni anno).

Quindi Saylor consiglia di fare uno switch, cioè di cambiare e di vendere l'oro in cambio di Bitcoin.

Il Bitcoin, infatti, è sicuramente più trasportabile, è un bene finito (mentre l'oro può essere ancora estratto), e in più è un bene digitale, cosa da non sottovalutare dato che il mondo sta andando sempre più verso la digitalizzazione.

Una domanda a cui risponderemo più avanti è: quando bisogna comprare?

Quando bisogna vendere?

Saylor sul quando vendere ci dà la risposta: "io non vendo finché non trovo un asset migliore".

È chiaro: qualora tu avessi necessità di quel denaro (cioè dell'equivalente del Bitcoin in euro o dollari o altre valute) per le spese quotidiane non c'è neanche da discuterne, ma lui nella sua testa come riserva di denaro (quindi come investimento) vede il Bitcoin a lunghissimo termine.

Perché diciamo "non solo aziende"?

Probabilmente non essendo cittadini americani non tutti lo sanno, però il sistema pensionistico in America è diverso: diciamo che ci sono dei fondi che gestiscono le pensioni.

Non addentriamoci troppo nella questione, quello che è importante capire è che i fondi pensionistici dell'America stanno pensando di differenziare la detenzione di denaro acquistando l'1% in Bitcoin.

Anche BlackRock, che comunque è un ente che emette gli ETF e che quindi gestisce triliardi di dollari in borsa, sta pensando di entrare nel Bitcoin.

Stanno pensando di creare degli ETF, ovvero delle repliche, degli aggregatori di azioni che coinvolgono varie aziende che vengono ovviamente selezionate.

In questo caso vorrebbero creare un indice in borsa che rappresenta e replica l'andamento del Bitcoin.

Secondo Michael Saylor, il Bitcoin è l'asset del futuro, che va acquistato e conservato (ovviamente salvo necessità monetarie impellenti).

Saylor sta diventando veramente un guru, sta facendo delle conferenze e delle videoconferenze con migliaia di aziende.

Immaginate se oltre a Tesla anche Apple o grossi colossi finanziari dovessero entrare nel mondo del Bitcoin.

Immaginate cosa succederebbe al Bitcoin se la market cap, cioè la quantità totale del valore di denaro del Bitcoin, dovesse raddoppiare: chiaramente i 58.000 dollari di oggi diventerebbero 100.000-150.000 dollari; quindi, capite bene che al crescere della domanda e al crescere della market cap il prezzo di Bitcoin non potrà fare altro che crescere.

Ovviamente questi non sono consigli finanziari, perché prima o poi ci sarà chi venderà per fare cassa e perché avrà necessità, però non bisogna sottovalutare questo soggetto perché ne sentirai sicuramente parlare.

Tra l'altro, le azioni della sua società sono salite di 4-5 volte rispetto a quelle che erano nel momento precedente all'acquisto di Bitcoin.

Le aziende valuteranno anche questo: non solo quindi si proteggeranno dall'inflazione, non solo compreranno probabilmente quello che viene definito l'asset del futuro, ma faranno sì che anche il loro valore salirà nell'immediato.

È bene quindi non sottovalutare la teoria di Michael Saylor.

Cosa sono Proof of Work, Proof of Stake e Staking

PARLIAMO ORA DI UN concetto che ti interesserà sicuramente molto, lo staking: in parole povere, è il processo mediante il quale andrai a generare interessi sulle tue criptovalute.

Guadagno senza fare niente?

La risposta è sì, dato che lo staking non è applicabile a tutte le criptovalute.

Ti propongo, anche in questo caso, di andare per gradi per meglio comprendere di cosa stiamo parlando.

Piccola anticipazione: gli interessi sulle criptovalute vengono erogati in cripto stesse non in valuta legale.

Tienilo sempre a mente, poiché ciò significa che anche gli interessi sono soggetti alle fluttuazioni di questo straordinario nonché volatile mercato.

Partiamo dall'inizio: per semplificare ci sono due metodi per esprimere il proprio consenso sulla blockchain.

Per esempio, confermo che il soggetto A ha trasferito un Bitcoin al soggetto B.

Il primo metodo si esprime mediante una quantità di lavoro prodotta quantificata in termini di calcoli informatici effettuati e si chiama Proof of Work (POW).

Proof of work, quindi, significa proprio "prova di lavoro".

Una blockchain di questo tipo è una blockchain in cui è stata sospesa la maggioranza del potere computazionale per metterla al sicuro e garantire il corretto svolgimento delle transazioni.

Tuttavia, questo sistema è spesso criticato in quanto presenta alcune criticità.

In un sistema che utilizza la Proof of Work, i miner, cioè coloro che svolgono questi calcoli computazionali, consumano tantissima energia elettrica.

Bitcoin ed Ethereum, per esempio, sono basati sul criterio Proof of Work.

Banalmente, più calcoli fai, più risolvi i calcoli sulla blockchain, più garantisci quindi la sicurezza della rete e più ottieni ricompense.

È semplice e lineare: più lavori più guadagni.

Ovviamente, questo tipo di rete presuppone un enorme consumo energetico e, senza entrare troppo nel tecnico, scatena una vera e propria guerra tra i miner che cercano di ottimizzare le proprie ricompense in base allo sforzo economico sostenuto per comprare e ammodernare apparecchiature e anche per l'energia elettrica che sta poi alla base del funzionamento di queste apparecchiature.

Ricorda che in alcune parti del mondo l'energia elettrica costa meno che in altre e soprattutto ricorda che ogni quattro anni la blockchain di Bitcoin dimezza le reward per ciascun blocco di calcolo eseguito.

Ciò significa che ogni quattro anni raddoppia, più o meno, l'energia elettrica necessaria per produrre la stessa quantità di Bitcoin.

I miners, inoltre, non sono effettivamente incentivati a conservare le criptovalute prodotte, (dato che i premi ricevuti sono solamente proporzionali alla quantità di energia consumata), potremmo definirlo quindi un allevamento intensivo di criptovalute.

Il secondo metodo invece, detto Proof of Stake (POS), è un criterio secondo il quale non si guadagna a seconda del lavoro svolto, ma in base a quanti pezzi di quella singola criptovaluta si possiedono e che verranno messi appunto in stake, affidandoli ad un cosiddetto validatore.

Per diventare un validatore e partecipare al processo di consenso sulla blockchain è quindi richiesto agli utenti di dimostrare il possesso di un certo ammontare di criptovalute.

Questo ammontare verrà conseguentemente congelato come garanzia una volta inserito in stake.

In caso di comportamento errato o tentativi maliziosi di validare blocchi incorretti (blocchi di rete, quindi, calcoli e transazioni di rete) il validatore in questione verrà punito a seconda della gravità delle azioni compiute sino a rischiare la perdita di tutto il proprio ammontare congelato; quindi, la perdita di tutte le criptovalute bloccate in stake.

Questi sono casi limiti ma può succedere.

I principali vantaggi di questo algoritmo riguardano il fatto che sia meno inquinante e che riduca la centralizzazione del mining; quindi, non ci saranno delle mining farm (ovvero delle aziende magari delocalizzate in Cina) che producono il Bitcoin ma chiunque lo può fare a casa sua e quindi creare nuove criptovalute.

Ovviamente non si può creare Bitcoin, dato che la rete di Bitcoin è Proof of Work, ma la cosa importante è che lo si può fare anche da casa.

Un'altra importante considerazione quando si discute di Proof of Stake è quella della distribuzione degli incentivi o delle ricompense.

Mentre in un sistema Proof of Work i miner hanno incentivi in funzione del lavoro svolto e potrebbero quindi anche non detenere alcuna criptovaluta prodotta, in un sistema Proof of Stake la distribuzione degli interessi è collegata all'investimento in criptovalute, a quanti pezzi di quella criptovaluta vengono detenuti, allineando quindi gli interessi degli investitori veri e propri a quelli dei validatori che sono anche a tutti gli effetti degli investitori.

Questo perché chi fa il validatore, chi certifica le transazioni è a sua volta un investitore perché detiene una grande quantità di quelle criptovalute.

In realtà il Proof of Stake nasconde anche qualche problema: è potenzialmente meno sicuro del Proof of Work perché, banalmente, per condurre un attacco al 51% sulla rete Proof of Work serve una quantità di calcolo informatico veramente incredibile e rilevante, mentre sul Proof of Stake invece il potere è accentrato nelle mani di chi detiene una quantità superiore di quella determinata criptovaluta.

Anche se sembra difficile è possibile, infatti, che qualcuno detenga più del 51% di una criptovaluta, soprattutto se è un early adopter o un capital ventures, ovvero qualcuno che ha investito all'inizio quando veramente il progetto era embrionale.

Per ottemperare a questi problemi, sono state sviluppate numerose alternative a questi sistemi di consenso, come Proof of Autority, Proof of Existence, Proof of Burn e così via.

Ora non ne parliamo perché non ha senso in questo momento entrare così nel tecnico, l'importante è capire la differenza tra Proof of Work e Proof of Stake.

Il dibattito su quale algoritmo sia più adatto e l'assenza di tale risposta ci ricorda quanto la blockchain sia una tecnologia ancora nuova ed acerba che ha bisogno di molto tempo per maturare.

Quello che è certo è che i sistemi si evolveranno e riusciranno eventualmente a superare gli attuali ostacoli o a definire comunque un'omogeneità all'interno della rete.

Ritorniamo nel mondo reale: a noi interessa guadagnare.

Si può guadagnare comprando criptovalute che si apprezzano nel tempo, generando interessi passivi oppure entrambe le cose.

Per generare interessi passivi bisogna detenere determinate criptovalute, basate sul sistema Proof of Stake, che generano una percentuale che spazia da frazione di punti percentuali ad oltre il 100% di interessi annui, interessi che vengono spesso generati con cadenza quotidiana.

Ciò significa che impegnando quotidianamente in stake gli interessi stessi otterrete un interesse composito che genererà ulteriori guadagni passivi il giorno seguente.

Facciamo un esempio: immagina di disporre di 10.000 band protocol che producono il 16% di interessi di annui.

Li metti in stake oggi e domani avrai 4,3 band in più quindi 10.004,3 band in totale.

Impegnando anche quei 4,3 band generati dallo stake il giorno successivo otterrai 4,4 band in totale e non più 4,3, quindi c'è un incremento minimo ma comunque rilevante sul lungo periodo.

Dopo un anno, l'interesse sarà superiore a 1.600 band iniziali (cioè il 16% di 10.000 band) a seconda della frequenza con cui inserirai in stake gli interessi: alcuni portali lo fanno in automatico e si chiama interesse composito o, in questo caso, autocompounding stake.

Devi ovviamente considerare che nel tempo la percentuale di reward può subire variazioni, in genere ma non per forza a ribasso.

Ciononostante, se il valore delle criptovalute bloccate e in stake aumenta, anche il relativo importo dello staking aumenta e l'aumento può essere anche veramente rilevante in caso di movimenti che moltiplicano varie volte il prezzo della singola moneta.

Ultima considerazione: criptovalute che generano buoni stake spesso vengono detenute proprio per questo scopo.

La circolante quindi potrebbe risultare molto inferiore a quella effettiva perché i pezzi sono in stake e non disponibili a mercato.

La scarsità su un asset, come abbiamo detto, spesso lo fa apprezzare e quindi valere di più, a patto ovviamente che vi sia interesse per quel determinato asset.

Chiudiamo con un piccolo consiglio, anche se approfondiremo più avanti questo argomento: non mettete mai in stake criptovalute che richiedono troppi giorni per essere sbloccate da questo stato.

Band, ad esempio, richiede 21 giorni per poter disporre delle proprie monete dopo aver richiesto lo sblocco dallo stake, durante quei 21 giorni però il prezzo potrebbe ridursi e anche di molto.

Forse è meglio optare per stake con sblocco immediato o limitato a pochi giorni così da poter disporre dei vostri asset in tempo reale o quasi.

Attenzione però: non tutte le criptovalute dispongono di questa modalità.

Conoscere l'Analisi Tecnica e l'Analisi Fondamentale

COME SI VALUTA SE UNA criptovaluta è buona o no?

Quale devo comprare?

Alla fine, è questo il punto: noi vogliamo sempre comprare le criptovalute migliori al momento giusto, pagarle il meno possibile e realizzare forti gain.

Nei nostri sogni poi vorremmo venderla al momento giusto e passare ad altre cripto in esplosione, se possibile tutti i giorni.

Chiaramente tutto ciò non è facilmente realizzabile, tuttavia ci sono sicuramente dei criteri per valutare la qualità di una criptovaluta e la possibile resa nel tempo della stessa.

Si parla di due tipi di analisi: una tecnica, basata su grafici ed indicatori, ed una cosiddetta fondamentale, basata invece sul progetto di fondo di una criptovaluta, sulle successive evoluzioni del progetto stesso e banalmente sugli usi nella vita reale che si possono fare di questa criptovaluta.

Tratteremo l'analisi tecnica in seguito, ma è bene anticipare un concetto: l'analisi tecnica (detta anche TA) si applica principalmente al Bitcoin e non alle Altcoin, perché il Bitcoin ha uno storico ben più marcato delle altre criptovalute, ha volumi di scambio maggiori e soprattutto è il re delle criptovalute.

Tutte le criptovalute infatti sono influenzate, salvo eventi particolari, dall'andamento del Bitcoin.

Concentriamoci però, per il momento, sull'analisi fondamentale.

L'analisi fondamentale, per fare un paragone, è quel processo che ci potrebbe permettere di capire ad esempio se aprire o no un bar in una certa strada.

Serve lì un bar?

C'è concorrenza?

Chi verrebbe a prendere il caffè?

In pratica comprende una serie di ragionamenti basati fondamentalmente su informazioni e news che ci fanno delineare un futuro più o meno roseo per una criptovaluta.

Facciamo un altro esempio considerando il Bitcoin: sono recenti le notizie relative alla possibilità per le banche americane di detenere Bitcoin, così come la possibilità che il Bitcoin sbarchi su PayPal anche in Europa (in America è già sbarcato e questo ha fatto alzare sensibilmente il prezzo).

A prescindere dalle analisi tecniche sui grafici, capite bene quanto l'interesse e la possibilità per l'istituzione di entrare nel mondo del Bitcoin sia in crescita.

Il sentiment circa il Bitcoin non può che migliorare e ciò comporterà una maggior confidenza nell'acquisto e meno fretta nella vendita di questo asset.

Al contrario, se Biden, il presidente degli Stati Uniti, bannasse dall'America il Bitcoin; quindi, rendesse illegale la compravendita di Bitcoin, è semplice immaginare che tutti gli americani riverrebbero sul mercato i loro Bitcoin svalutandoli pur di rientrare il più possibile nell'investimento.

Quale analisi è più importante?

Come anticipato, per il Bitcoin l'analisi tecnica rimane importante e valida; tuttavia, rimane sostanzialmente subordinata e non più importante di quella fondamentale.

Per le Altcoin invece, soprattutto quelle più piccole, l'analisi tecnica è sostanzialmente inutile e di conseguenza l'unico parametro di fatto per valutare la bontà dell'investimento rimane quello dell'analisi fondamentale.

Che scopo avrà questa criptovaluta?

Verrà utilizzata nel mondo reale?

Le persone trarranno beneficio da questa criptovaluta?

Modificherà la quotidianità delle persone?

Ci renderà più semplice fare qualcosa rispetto a quello che facciamo oggi?

Sia chiaro, l'analisi tecnica e fondamentale cambia nel tempo, può modificarsi anche nel corso dello stesso giorno a seconda di news o a seconda, nei grafici, di vendite improvvise o di acquisti improvvisi.

È importantissimo quindi essere sempre aggiornati perché stiamo parlando del mercato più volatile al mondo.

Chiudiamo con questo concetto: l'analisi fondamentale ovviamente si applica a qualsiasi mercato, anche al mercato delle stock market, cioè delle azioni (Tesla, Amazon, Netflix eccetera).

Si fa l'analisi della compagnia, del settore industriale, delle condizioni economiche della società che si sta andando a comprare per capire se è solida o meno e anche di quale sarà il suo profilo futuro, economico e non solo.

Per quanto riguarda l'analisi tecnica, che si rifà ai grafici, vedrete poi che ci sono delle medie mobili, come ad esempio la media del valore degli ultimi 7 giorni (cosiddetta veloce che riguarda solo gli ultimi 7 giorni), oppure quella media degli ultimi 20 o 50 giorni.

Tramite quindi un andamento logaritmico, generalmente, si vede come sta andando negli ultimi 20 giorni, in un arco di tempo medio appunto, ma c'è per esempio anche la media dei 200 giorni, molto più "lunga", che ci fa capire nell'arco temporale quasi annuale (in questo caso più di 6 mesi) come sta andando l'asset.

È importante quindi capire che ci sono delle analisi tecniche e grafiche che fanno capire o anticipano spesso l'andamento dei prezzi.

Come può un grafico far capire il prezzo?

Badate bene, molte movimentazioni a sistema vengono eseguite da Bot, ovvero dei software che a seguito di determinate azioni o eventi fanno qualcosa: per esempio, se vedono che il prezzo di Bitcoin sale oltre un certo prezzo acquistano, se si scende sotto un determinato prezzo vendono.

Questi indicatori, quindi, sono come delle profezie che si autoavverano: influenzano questi bot e i bot influenzano poi il prezzo dell'azione, o in questo caso della criptovaluta.

Facciamo il punto: Criptovalute

FACCIAMO UN BREVE RIASSUNTO del contenuto di questo capitolo: abbiamo parlato inizialmente di Blockchain e di Bitcoin.

Abbiamo detto che la Blockchain è la rete virtuale all'interno della quale si muovono i Bitcoin, o quantomeno se si sta parlando della Blockchain di Bitcoin.

Il Bitcoin è un asset scarso perché ce ne possono essere massimo 21 milioni all'interno di questa Blockchain (questo è immutabile), molti dei quali tra l'altro sono addirittura andati persi.

Questo asset ogni quattro anni dimezza la sua produzione, quindi, è anche deflattivo. Abbiamo inoltre visto che per valutare il prezzo e l'andamento del prezzo di questo asset (così come di tanti altri asset), c'è l'analisi fondamentale e l'analisi tecnica: l'analisi tecnica è quella che tiene conto dei grafici, l'analisi fondamentale invece è quella che tiene conto delle news e di quello che succede nel mondo reale, quindi l'adozione nel mondo reale.

Abbiamo visto infine anche delle teorie di Michael Saylor, uno degli influencer principali di Bitcoin, soprattutto per quanto riguarda la parte sul business.

Molte aziende, infatti, stanno acquistando Bitcoin per metterlo nei propri balance sheets, quindi nel loro conto.

Abbiamo visto inoltre vari indicatori che servono per monitorare quotidianamente l'andamento oltre che del prezzo anche del numero di transazioni che vengono eseguite (della difficoltà di calcolo dei nuovi blocchi della blockchain) e abbiamo visto anche come il prezzo si muove all'interno di quello che è lo stock to flow e il rainbow, cioè l'ipotesi che il prezzo andrà a salire verso nuovi massimi per poi eventualmente tornare a scendere e creare quindi un nuovo ciclo nei prossimi tre o quattro anni.

È importante ricordare che nessuno conosce il futuro e che di conseguenza queste sono tutte teorie.

Il prezzo infatti potrebbe anche non scendere più perché un utilizzo di massa e un'adozione da parte delle aziende sicuramente cambierebbe la storia del Bitcoin.

ALTCOIN

Le **altcoin** sono le coin **alternative al Bitcoin.**

Queste monete sono particolari in quanto hanno una **volatilità** ancora **maggiore** di quella del Bitcoin.

Ciò significa che è possibile speculare in maniera più semplice; quindi, i prezzi vanno molto più in su e molto più in giù rispetto al Bitcoin o quantomeno, la variazione accade più velocemente.

Bisogna fare molta attenzione a come si investe perché si tratta di un investimento ancora più rischioso del Bitcoin.

Innanzitutto, è bene stabilire sicuramente la differenza tra altcoin e stablecoin, poiché le stablecoin in realtà fanno parte delle prime.

Negli anni passati Ethereum ha introdotto un concetto veramente importante, ovvero quello degli smart contract, che ha rivoluzionato il **cripto space**, quindi il mondo delle criptovalute.

Un altro aspetto importante di Bitcoin sono le narrative che si possono descrivere come delle mode momentanee, quindi argomenti di cui se ne parla per un po' di tempo e poi probabilmente potrebbero anche passare di moda, mentre alcune cose rimarranno anche nei mesi e negli anni e probabilmente non scompariranno mai.

Le narrative che si affronteranno nei seguenti paragrafi sono:

- DEFI – Finanza decentralizzata;
- POLKADOT – Il suo sviluppo ed ecosistema, che al momento si trova nella classifica dei TOP 10 delle criptovalute;
- NFT – Non fungible token, che si possono anche dire "rappresentanti delle opere d'arte".

ALTCOIN E STABLECOIN

Le altcoin e le stablecoin, definite in maniera chiara e semplice, sono tutte le cripte valute diverse dal Bitcoin.

Le stablecoin fanno parte delle altcoin, come detto in precedenza, vi sono criptovalute di moltissimi tipi, tant'è che chiunque potrebbe crearne una in qualunque momento.

Quello che si potrebbe definire "il re" di queste monete è uno solo ed è il Bitcoin.

Altcoin sta per "Alternative Coin", dunque alternative al Bitcoin.

Le altre criptovalute non sono ovviamente da meno, ma bisogna tener conto del fatto che Bitcoin è al momento l'asset più sicuro per il lungo periodo, il più conosciuto e quello con il valore intrinseco maggiore.

Dispone inoltre, di una bassissima volatilità, detta anche fly, che è un parametro da considerare sempre nella costituzione del Bitcoin.

Vi è un costo di produzione ben netto ed è presente una blockchain che è praticamente esente da difetti di progettazione.

Dopo Bitcoin, la criptovaluta più consistente è Ethereum, con una circolante di 115.263.470 ETH ed una capitalizzazione di mercato pari a $ 212.459.538.983.

Fermo restando che lo scopo delle altcoin è reale e sempre più tangibile, tanto che permettono di poter effettuare transazioni finanziarie e pagamenti nella vita vera e propria, l'idea più comune che gira attorno alla tematica altcoin è la speculazione.

Difatti, il mercato delle altcoin è al momento un mercato altamente volatile, di conseguenza altamente speculativo nel breve e nel medio periodo.

Se il Bitcoin rimane saldo al primo posto delle criptovalute più capitalizzate, le altcoin si alternano in classifica come se fossero delle mode passeggere.

Al momento, come già detto in precedenza, dopo Bitcoin in classifica si trova Ethereum, per terza c'è la Binance Coin, poi il Tether Dollar e così via, ma la classifica è, appunto, soggetta a numerose variazioni.

Ciò è ovviamente un fattore che permette forti gain economici (guadagni) ma porge il fianco a possibili perdite economiche anche molto rilevanti.

Dunque, è bene tenere sempre a mente che il rischio che si prende nell'entrare nel mondo delle criptovalute è reale e ci si può certamente innamorare di questi asset ma bisogna farlo non dimenticandosi che è un'ambiente ad altissimo rischio di perdita.

Tant'è che la maggioranza degli asset ad oggi presenti sono esclusivamente speculativi, sono scommesse più o meno rischiose.

Non a caso il valore delle altcoin è strettamente collegato a quello di Bitcoin, ma non è raro intravedere anche movimenti che non sono correlati tra loro che fanno sì che in un momento di down trend nel mondo delle criptovalute una specifica altcoin possa salire anche del 1000% in 24 ore.

Per ricapitolare, le altcoin sono meno "nobili" del Bitcoin.

È dunque lecito pensare che si debbano acquistare subito solo e soltanto Bitcoin, visto che si trovano all'apice della classifica, ma la realtà è che numerosi utenti vogliono fare più guadagni in meno tempo e la volatilità delle altcoin può a volte portare a questo.

Le stablecoin sono delle altcoin che hanno un valore stabile nel tempo, come ad esempio il Tether Dollar o USDT.

Ma anche qui bisogna tenere conto del rischio che vi è; un esempio da considerare è che a marzo 2020 è crollata l'economia americana e di conseguenza le criptovalute, il Tether per esempio è sceso in quella settimana a 98 centesimi di dollari: si è trattato di un movimento piccolo ma comunque dello 0,01 %.

Il progetto USDT è partito come la valuta legale con l'oro: per emettere un dollaro doveva essere depositato in banca il corrispettivo in oro fisico.

All'inizio, quindi, veniva depositato l'oro su un apposito conto corrente per ciascun USDT emesso.

Come spesso avviene, nel tempo le cose cambiano e ad oggi non tutti gli USDT sono garantiti da un dollaro su quel conto corrente; tuttavia, al momento Tether è la prima criptovaluta al mondo per capitalizzazione, pertanto, non ci sono grossi segni di debolezza.

Vi sono state delle cause in America riguardo quest'argomento, ma al momento è stata solo commissionata una multa a USDT; per fortuna al momento sembra essere scampato il pericolo che questa criptovaluta venga messa al bando.

Nel 2017 quando il Bitcoin è arrivato a valere quasi $ 20.000 nella precedente Bull Run, l'USDT era arrivato di pari passo a valere $ 1,21, segno che si tratta comunque di una criptovaluta che non è ancorata precisamente al dollaro, ma può subire comunque variazioni.

Evidentemente in quel momento si sono riversati molti dollari negli Exchange e per comprare l' USDT non bastava più un solo dollaro.

In conclusione, bisogna tener conto del fatto che il cambio dollaro-euro è variabile, di conseguenza una stablecoin in dollari per un europeo rappresenta comunque un'incognita. Inoltre, è possibile ottenere ottimi interessi annuali solo vincolando per periodi lunghi o comunque limitati nel tempo a seconda delle necessità personali, le stablecoin o USDT.

SMART CONTRACT

Per poter approfondire il concetto di smart contract è bene prima rivolgere lo sguardo al Bitcoin, che rappresenta come detto una valuta digitale considerata ormai un buon rifugio polo digitale che lavora sulla sua blockchain e non è apparentemente soggetta a possibili attacchi informatici.

L'utilità che potrebbe avere però nel mondo reale è legata principalmente all'accumulo di capitale sotto forma di investimento ed eventualmente per alcuni potrebbe essere anche utilizzata come reale moneta di scambio al posto della valuta legale.

Ovviamente, al momento è possibile acquistare dei prodotti con una carta di credito collegata ai propri Bitcoin; tuttavia, su quest'ultimo punto si potrebbe essere scettici poiché non è detto che gli stati siano disponibili a perdere il controllo sulle emissioni della valuta riconosciuta come principale, basti vedere il caso Libra (criptovaluta ideata da facebook dal valore stimato di un dollaro, quindi una stablecoin che nella testa di Zuckerberg, doveva sostituire il dollaro).

Neanche a dirlo, la Libra è stata bocciata dal governo USA.

La blockchain dà un potenziale molto maggiore che si potrebbe, utilizzare per migliorare la vita e decentralizzarsi dagli enti che controllano attività come commercio e finanza.

Qui, infatti, entra in gioco lo smart contract associato tipicamente all'attuale coin numero 2 in classifica, come detto prima si tratta di Ethereum.

In poche parole, uno smart contract è un sistema tecnologico associato ad una blockchain, attraverso cui le azioni si svolgono in modo automatico in presenza di condizioni prestabilite, consentendo che le parti coinvolte rispettino le clausole e si scambino risorse senza bisogno di un mediatore.

Nei contratti tradizionali le parti prendono accordi, formalizzano un contratto, si affidano a un terzo che valida questo contratto.

Un esempio di contratto è quando si va in concessionaria per decidere di acquistare un'auto, quindi accordarsi con il venditore, siglare il contratto che poi viene validato comunque dal concessionario e che sta alle leggi decise dagli stati.

Infine, dopo il contratto viene consegnata l'auto in cambio di denaro.

Dunque, lo smart contract, in parole povere, oltre a scambiare valore con la moneta digitale, dà la possibilità di scambiare informazioni come un contratto tra privati con tutti i benefici di una blockchain pubblica, immutabile e non manipolabile, insomma sicura e senza intermediari che trattengono delle fees e governano il processo secondo la loro volontà.

Gli smart contract sono in grado di incentivare i business a creare un legame di fiducia con altre attività e con clienti privati, ma anche di rendere più semplici e automatiche le transazioni in ogni campo professionale e assicurare che le parti coinvolte detengano la responsabilità delle condizioni stabilite dal contratto.

In questo modo è impossibile che ci sia il rischio che questo venga modificato da una delle parti a proprio favore.

L'immutabilità viene talvolta considerata come un limite degli smart contract, in quanto nella maggior parte dei campi lavorativi (se non in tutti) le condizioni stabilite dal contratto prevedono una scadenza; ciò permette di cambiarli e aggiornarli a seconda del diverso quadro politico-economico.

Lo smart contract, di regola, non può essere cambiato, ma in questo modo obbliga a rispettare delle condizioni che un giorno potrebbero perdere validità.

Per risolvere questo problema, molte blockchain stanno pensando a delle possibili soluzioni.

Come detto prima, le parti facevano un accordo, siglavano un contratto, passavano tramite un ente o comunque tramite una codifica che sottostà a delle leggi o ad un insieme di regole decise da qualcuno, quindi centralizzate, e poi avveniva l'esecuzione questo contratto.

Con lo smart contract si elimina un passaggio e dunque le parti si mettono d'accordo, siglano un contratto o quantomeno prendono un accordo che sottostà alle regole dello smart contract e poi segue il contratto.

Alcuni vantaggi degli smart contract sono l'indipendenza da intermediali, quali vari avvocati, nella fase di verifica l'approvazione del contratto, immodificabilità del codice che esclude le esigenze di figure terze che varino la liceità e la validità di un accordo ed il risparmio economico dovuto in gran parte all'esclusione di intermediari nelle fasi di verifica e approvazione.

Inoltre, vi è una maggiore precisione e dunque riduzione degli errori poiché lo smart contract, in modo automatico, al verificarsi delle condizioni stabilite, fa sì che si verifichino determinate azioni, genericamente semplificazione delle operazioni di contrattazione.

Tornando all'esempio del concessionario, si immagini di poter comprare un'automobile senza intermediazione dello stesso con tutti i termini indicati in uno smart contract, si pagherebbe l'automobile di meno e si potrebbe decidere in maniera immutabile senza avere brutte sorprese.

Allo stesso tempo, in caso di mancanza del pagamento di una rata, il software potrebbe inibire l'accensione dell'auto stessa fino al saldo dovuto, senza necessità di procedimenti legali o altro.

Si tratta di un caso quasi futuristico, tuttavia, ha senso per comprendere bene il funzionamento dello smart contract.

La prima blockchain provvista di uno smart contract è stata Ethereum, la quale ha permesso a tutti di programmare gli smart contract liberamente e gratuitamente tramite il linguaggio di programmazione "solidity".

Ethereum misura l'attuazione delle transazioni in gas, un'unità di misura che può cambiare a seconda di quanto viene sovraccaricata la rete.

Essendo Ethereum la piattaforma pioniera degli smart contract, dopo di essa molti altri hanno cercato di risolvere i principali limiti di Ethereum, quali la difficoltà derivante dagli elevati volumi di traffico e la questione della sicurezza.

Ad oggi, la rete Ethereum è diventata troppo lenta e costosa, qualora non venisse lanciata nel prossimo periodo una nuova Ethereum 2.0 probabilmente il progetto andrebbe a perdere drasticamente importanza a favore, ad esempio, di nuovi protocolli che rendono interoperabili le diverse blockchain.

Ad esempio, vi potrebbe essere un boom di Polka Dot, un nuovo progetto del cofondatore di Ethereum, che punta a portare le criptovalute in una nuova dimensione, quella di un mondo in cui le varie blockchain comunicano tra loro e non vanno avanti solo ed esclusivamente per la propria strada.

C'è anche un altro progetto che è quello di Binance, con la Binance smartchain.

Vi è poi Cardano con la sigla ADA, che viene soprannominato "l'Ethereum killer" dal fondatore.

Sicuramente è utile spiegare brevemente che cos'è Chainlink: attualmente è un token di Ethereum, cioè come se fosse una criptovaluta che funziona grazie alla rete di Ethereum.

Oppure c'è anche il Band protocol che ha una propria blockchain di proprietà.

Gli oracoli, come vengono denominati, consentono agli smart contract di comunicare con il mondo esterno entrando pienamente in funzione.

In sostanza, gli oracoli permettono la comunicazione tra gli smart contract e il mondo reale, rendendo di fatto possibile l'esecuzione dei contratti non solo in un mondo virtuale, ma anche nella quotidianità.

DEFI

DEFI o decentralized finance, è un termine spesso associato a progetti vincenti in termini di gane.

È stata la nuova moda del 2020 e probabilmente lo sarà anche nel 2021, significa letteralmente finanza decentralizzata, ossia una finanza non controllata da un soggetto o da un insieme di soggetti.

Insomma, una finanza sulla blockchain in grado di garantire sulla carta imparzialità, immutabilità e sicurezza.

Attualmente, se si ha bisogno di un prestito, rimanendo nel mondo degli strumenti legali e regolamentati ci si deve rivolgere a un ente, banalmente una banca, a una società del settore, e richiedere un finanziamento.

Per ottenere il finanziamento si dovranno fornire garanzie, quali un contratto di lavoro ed eventualmente ipotecare la propria casa, si dovrà inoltre restituire il tasso di interesse.

La banca prenderà i soldi dai conti correnti dei correntisti, da coloro che hanno acquistato dei prodotti finanziari dalla banca stessa e più in generale dai consumatori.

Riassumendo, quindi, la finanza è centralizzata e, grazie al nostro denaro, la banca eroga servizi che portano profitto alla banca stessa.

Con la finanza decentralizzata (o DEFI) si cerca di superare questo concetto rendendo di fatto la finanza uno scambio di denaro tra privati mediante i famosi smart contract di cui si parlava nei paragrafi precedenti.

Lo scambio avviene peer to peer, ossia da un privato a un privato senza l'intermediazione di qualcuno.

Esempio:

Si immagini di avere 100 monete, magari 100 Ethereum, e di aver bisogno di un finanziamento in stablecoin USDT. Si ipotizzi di non voler vendere gli Ethereum.

Il principio alla base è molto chiaro, la DEFI permette di congelare temporaneamente i 100 Ethereum in uno smart contract ed ottenere in cambio USDT.

Alla restituzione degli USDT si riceveranno i 100 Ethereum: è un semplice prestito in stablecoin garantito dagli Ethereum.

Con questi USDT si può fare trading in criptovalute oppure semplicemente pagarci le bollette.

Una volta nuovamente disponibile il numero di USDT necessario alla restituzione del prestito si potranno riavere gli Ethereum.

È necessario bloccare un numero di Ethereum pari al 150 % del valore degli USDT che si vogliono ottenere.

C'è da considerare che, qualora il prezzo di USDT dovesse crollare e scendere quindi sotto il 100 % del prestito preso, sarà necessario restituire il prestito stesso, con la perdita degli Ethereum bloccati.

In pratica, bisogna stare attenti alle oscillazioni della valuta sottostante, perché se varia molto bisogna coprire le perdite o perdere tutti gli Ethereum bloccati.

Per avere un prestito non si devono fornire documenti, non si deve ipotecare casa, non si devono consegnare buste paga o altro, tutti possono accedere al credito in questo modo, anche coloro che al momento ne sono esclusi.

Non è da trascurare la possibilità in futuro di pagare i servizi e beni direttamente con le criptovalute, senza passare dai sistemi centralizzati, con risparmio sui costi di transazione e maggiore privacy.

In termini di prezzo, i token che girano attorno alla DEFI quest'anno potrebbero esplodere poiché si intravede in queste altcoin la possibilità di calvalcare il mondo delle criptovalute nel mondo reale, di creare utilizzi reali e tangibili che faranno sì che la valuta legale verrà convertita in criptovaluta perché molti vorranno comprarla.

Al momento ci sono miliardi di dollari impegnati come garanzia nei pressi DEFI, ma pochi mesi fa questo termine nemmeno si conosceva.

AVE, ad esempio, è una cripto che a inizio luglio 2020 aveva immagazzinato 100 milioni di dollari, al momento è arrivata a vari miliardi di dollari.

Questo boom è stato registrato anche su un'altra criptovaluta che si chiama Maker e su altre criptovalute.

Ci sono delle monete come YFI che sono passate da poche decine di centinaia di dollari a 40, 50 mila dollari.

NFT

I token NFT sono non fungible token, dove fungibile significa interscambiabile, quindi non unico.

Gli NFT sono token unici, a differenza di coin come Bitcoin ed Ethereum che sono in realtà fungibili ossia ne esistono milioni e milioni e ciascuno è sostanzialmente scambiabile con gli altri, ma ciò non ne modifica il valore.

Vi sono due standard per gli NTF, ma non serve entrare nello specifico di numeri e sigle, piuttosto è bene che si sappia che ci sono degli NFT unici e singoli quindi come delle opere d'arte, altri invece sono delle serie di token uguali ma comunque a numero limitato.

Per esempio, La Gioconda è un quadro unico, mentre ci sono sicuramente delle serie di stampe e litografie comunque, di un certo valore o di un certo livello, però non sono pezzi unici, sono stati prodotti centinaia di pezzi.

La differenza sta nell'unicità e nella scarsità dovuta alla presenza di un numero finito di pezzi.

Gli NFT viaggiano su una blockchain, che è aperta e visibile a tutti, la quale ne accerta l'effettiva esistenza e autenticità e infine la proprietà.

Un token unico in proprio possesso, ossia presente nel singolo wallet digitale è solo proprio, e ciò non può mutare, salvo che venga inviato a qualche altro indirizzo di rete cioè a qualche altro wallet, quindi, salvo che venga venduto o regalato a qualcuno.

Gli NFT si prestano bene per tutte le opere d'arte virtuali, che ovviamente hanno necessità di sicurezza, di facilità di riscontro circa l'autenticità e soprattutto di un processo che renda questi token scarsi se non del tutto unici.

Si pensi, ad esempio, di possedere la versione digitale ufficiale de La Gioconda, certamente molti collezionisti spenderebbero cifre da capogiro per accaparrarsela.

Un mondo importante per gli NFT è anche quello del gaming, ossia dei videogiochi.

È possibile sviluppare infatti dei mondi virtuali all'interno dei quali acquistare città; quindi, degli NFT unici perché la città è unica, oppure detenere oggetti come armi o cavalcature che sono in tiratura limitata.

Praticamente tutto quello che può venire in mente agli sviluppatori di videogiochi potrà essere utilizzato e reso un NFT unico, o una serie di NFT connessi con le stesse caratteristiche, ma comunque finiti come numero.

È possibile anche l'applicazione nel mondo dello sport, dal calcio all'NBA, sicuramente sarà molto importante poiché lo sport attira veramente milioni o centinaia di milioni di fan; quindi, è un mondo anche economicamente molto rilevante.

Ricapitolando, gli NFT sono token sicuri, perché sulla rete tutti hanno visibilità del fatto che sono autentici, sono finiti di numero, se non unici, e ovviamente si può anche accertare in maniera sicura la proprietà perché si trovano nel wallet del proprio indirizzo preciso, di conseguenza, nessuno potrà dire che quello o questo è falso, perché la blockchain è visibile a tutti, quindi, non è un qualcosa di centralizzato, quindi tutti sanno tutto.

Sul sito Cryptovoxels vi sono degli esempi di alcune narrative, i prezzi di queste possono esplodere da un momento all'altro, difatti già a settembre e ottobre del 2020 si sapeva che in effetti gli NFT sarebbero diventati un trend, si poteva investire su alcune piattaforme. Tutto questo perché si tratta di narrative che attirano le masse.

Quindi ricapitolando, non si deve credere personalmente alle singole narrative, ma si deve sapere che il mondo delle criptovalute è fatto anche di microbolle, che non vanno trascurate.

Magari si può differenziare una parte del portafoglio sulle singole narrative, che probabilmente esploderanno così da suddividere in base al rischio le diverse parti e avere la possibilità di cogliere più occasioni possibili.

Chiaramente, se ci sono tre narrative e si spostano tutte e tre, è possibile che solo due si realizzeranno ed una no, però quella che si realizzerà probabilmente porterà a un incredibile guadagno.

Per esempio, Polka Dot è partito dalle valere $ 1,6 ad agosto 2020 a valere 45 dollari, quindi si può anche non essere gradi ammiratori di Polka Dot ma a livello speculativo è stato veramente un ottimo affare.

Sulla mappa di Cryptovoxels è possibile osservare l'intero mondo, entrando vi sono degli edifici virtuali, quadri con pubblicità, con opere d'arte virtuali.

Un altro market interessante è OpenSea, che è un marketplace legato alla vendita di NFT, dove è possibile acquistare tutta una serie di opere d'arte NFT pagandole in Ethereum.

Altro mondo è quello del calcio perché le squadre di calcio stanno creando i propri token con cui magari gestiscono il merchandising o quant'altro.

Per esempio, la squadra del Milan è arrivata ad avere un token della valenza di $ 25, dai $ 6 dov'era partito.

Vi sono anche piattaforme per acquistarli e per scambiarli.

Altro esempio del mondo dello sport è Top shot ufficiale delle NBA, dove vi sono dei momenti in cui, ad esempio, un giocatore che lancia al canestro e fa punto che valgono anche a 400 milioni o 300 milioni di dollari.

Un altro progetto è Rarible che è arrivato a 40 dollari (se non di più).

Anche un utente medio può creare e mettere in vendita (inizialmente al costo minimo), degli NFT.

Riassumendo quindi, gli NFT sono dei token unici o limitati nel numero che agiscono e lavorano su una blockchain che ne garantisce l'affidabilità, la sicurezza e l'unicità o la rarità nel caso in cui non si tratti di un singolo token.

Se si tratta di un trend duraturo non si può sapere, ma lo si potrà osservare negli anni.

Non è escluso che la nuova generazione, molto più tecnologica, potrebbe vedere nelle opere d'arte virtuali più valore che in quelle fisiche.

È bene spesso non acquistare l'NFT stesso, ma piuttosto affidarsi al sito e quindi investire sulla piattaforma, a meno che non si sia un vero amante della questione, poiché si crea un rischio minore.

Infatti, anche l'acquisto di un disegno, per esempio, può essere fonte di perdita, in quanto se perde il valore d'acquisto diventa semplicemente inutile e senza valore.

Se invece si investe nei token della piattaforma si può osservare l'oscillare del valore di questi, che saranno diversi e non uno solo e vi sarà un minor rischio.

LE ALTCOIN SONO AFFASCINANTI

Molti utenti di Bitcoin sono entrati nel mondo delle criptovalute perché affascinati dai possibili profitti.

Infatti, esistono altcoin di bassa classifica, che capitalizzano poco e che, in parole povere, valgono poco in termini di milioni o centinaia di migliaia di dollari e poi vi sono quelle di media-alta classifica dove si parla di centinaia di miliardi di dollari.

La prima altcoin in classifica rimane al momento Bitcoin che capitalizza oltre un trilione di dollari.

Giocare nel trading, magari facendosi fare qualche finanziamento DEFI, è sempre un buon inizio, ma è bene ricordare che si tratta di azioni ad alto rischio che bisogna ben analizzare prima di cominciare.

PSICOLOGIA ED EMOTIVITA'

Per immergersi nel mondo delle criptovalute è importante anche tener conto del fattore psicologico.

Vi sono diversi approcci che si possono avere a questo mercato: vi sono gli holder cioè quelli che tengono le criptovalute per il lungo periodo, vi sono i trader, ovvero coloro che vogliono comprare e vendere immediatamente ed eventualmente diventare ricchi, ma vi sono anche i semi holder, cioè quelli che vogliono comprare, aspettare il momento giusto e poi vendere per poi eventualmente rientrare nel mercato con una cadenza annuale o semestrale, dipende dal momento.

Per iniziare a muovere i primi passi si deve capire che profilo si vuole assumere sul mercato, difatti quello del trader non è ottimale per i principianti perché ci vogliono delle competenze specifiche molto sviluppate ed è molto più rischioso, ma se si vuole fare un investimento o se si vogliono fare delle operazioni veloci per guadagnare in breve tempo anche se ad alto rischio, ci si potrà dunque approcciare al mercato come trader.

Nella fase di ideazione dell'investimento si deve prendere per prima cosa in considerazione il proprio capitale, e dunque che possibilità si hanno nella costruzione di un eventuale portafogli.

Anche qui, nella costruzione del wallet bisogna tener conto della propria psicologia e delle proprie attitudini.

Per aiutarsi si possono utilizzare dei grafici in Excel per monitorare i movimenti dell'investimento, poiché non è detto che si voglia superare una certa percentuale del proprio patrimonio di criptovalute.

Quindi, nel caso in cui il valore di queste aumentasse, si potrebbe voler rilanciare il wallet trasformando le criptovalute in valute fiat (euro, dollaro), stesso ragionamento vale nel momento in cui le criptovalute scendono di valore, si potrebbe voler rilanciare il portafoglio acquistando altre criptovalute sperando ovviamente, con dei ragionamenti logici e seri, che un domani quei valori risaliranno.

Si possono eventualmente sviluppare delle strategie per l'acquisto e la vendita dei titoli, ma queste devono dipendere dalla propria tendenza al rischio e al target personale che l'utente si propone di raggiungere con gli investimenti, che siano questi a lungo o a breve termine.

MINDSET

Nella vita la psicologia è tutto, qualsiasi decisione è mossa dalla mente; dunque, per far leva su questa, bisognerà allenarla in modo che la propria testa gestisca al meglio il mondo delle criptovalute, se ciò non accade è molto facile che si fallisca miseramente cadendo in preda alle emozioni.

È chiaro che tutti falliscono, anche molto frequentemente, ma imparando dagli errori si può ottenere il doppio dei successi.

Per iniziare, nei momenti di difficoltà si deve sempre cercare di scomporre i problemi per analizzarne ogni sfaccettatura e identificare l'anello debole per poi risolvere il problema alla radice.

Il rischio delle criptovalute è quello di perdere il denaro ma anche di perdere il senno, la ragione, e talvolta rovinarsi la vita.

Quindi è bene fare in modo che il proprio lavoro non risenta dell'eventuale stress accumulato in questo mondo, quindi di seguito ecco alcuni consigli:

- Non investire importi che servono per vivere oggi, domani o fra tre mesi.

  Mai investire importi che serviranno fra un anno, poiché si tratterebbe di una scommessa, peraltro, a breve termine che porterebbe momenti di eccessiva euforia e probabilmente momenti di forte depressione.

  Anche solo alcuni minuti di grafici sono sufficienti a condizionare quantomeno il resto della giornata e questo bisogna evitarlo;

- Perché il proprio umore non influenzi in maniera negativa l'investimento, bisogna farlo in maniera molto lucida, evitando di tenere gli occhi 24h/24h sullo schermo per verificarne l'andamento, o svegliarsi nel sonno per farlo.

L'esagerazione può portare anche a questo, all'interruzione delle riunioni di lavoro per controllare l'andamento, allo stress continuo e anche ad ansia e depressione;

- Tutto ciò che si investirà in questo mercato deve essere fatto per il proprio benessere e guadagno sia nel futuro che nel breve periodo.

- Quando si investe bisogna tenere prima conto della disponibilità delle proprie finanze, e quindi non investire tutti i soldi disponibili, soprattutto se il lavoro che si fa non permette di avere un guadagno sufficiente per garantire sia l'investimento che lo stile di vita che si fa;

- È bene mantenere una certa costanza nel seguire gli investimenti, ma bisogna farlo senza effettivamente ossessionarsi e senza introdursi nel mondo delle criptovalute con lacune di concetti importanti o solo perché si è stati trascinati da una moda passeggera investendo cifre casuali sulle criptovalute per poi rendersi conto che è troppo tardi, e che ormai il danno è fatto;

- Crearsi una strategia personalizzata sulla base delle proprie aspettative e finanze disponibili, che sia precisa e definitiva e che serva da guida per ogni periodo dell'anno in cui si investe;

- Bitcoin nel tempo ha aumentato il suo valore a dismisura, crescendo tanto da far sì che alcuni utenti che dispongono di Bitcoin non li venderanno mai, proprio perché fiduciosi di questa valuta, ma anche qui non bisogna farsi influenzare dalla moltitudine di discorsi che girano attorno a questa moneta, magari improvvisando perché in prenda alle emozioni, ma attenersi ad una strategia scelta prima di immergersi sul mercato;

- Bisogna studiare, informarsi, attendere e poi agire, ma soprattutto bisogna lasciar le criptovalute fare il proprio corso, dopodiché si sceglie una nuova modalità d'azione sulla base dell'andamento;

- Prima di cambiare le proprie azioni bisogna chiedersi fermamente se è davvero razionale cambiare piano oppure se è solo un momento di temporanea variazione di un prezzo.

Proprio perché questo mercato è ad alta volatilità è, dunque, facile che i prezzi cambino di giorno in giorno; quindi, bisogna avere la fermezza di capire se è il caso di cambiare le proprie mosse ogni qualvolta che c'è un mutamento oppure se è solo un'idea impulsiva non guidata dalla lucidità;

- Essere certi, prima di investire, di riuscire a mantenere il proprio stile di vita, o la propria famiglia, anche se i soldi investiti dovessero andare persi.

IL TRADER

Molti utenti alle prime armi nel mondo delle criptovalute, partono con l'intenzione di investire nel lungo periodo, ma spesso alle prime rapide oscillazioni di prezzo decidono di improvvisarsi trader ed iniziare a comprare e vendere sperando di diventare ricchi il giorno dopo.

La parola trader significa, secondo il motore di ricerca Google, "operatore finanziario che effettua compravendite di titoli e altri prodotti finanziari".

Purtroppo questa definizione non è proprio accurata, perché un operatore finanziario agli inizi non conosce assolutamente le regole della compravendita di titoli di criptovalute, più in generale non conosce i grafici e non ha uno storico tale da essere consapevole di ciò che sta realmente facendo o che vorrebbe fare, poiché il prezzo delle criptovalute può variare talmente tanto in fretta che un utente non consapevole potrebbe dimezzare il suo investimento fino a renderlo nullo e non guadagnare nulla.

Nel caso in cui si voglia speculare per arricchirsi anche velocemente è chiaro che nessuno vi obbliga a trattare con il 100% del proprio portafoglio cripto, ma si può tranquillamente destinare una parte variabile.

Un'altra scelta riguardante il trading è decidere lo scopo del proprio ingresso nel mondo delle criptovalute e, una volta fatto ciò, si dovrà fare molta fatica e studiare molto per diventare esperti.

Infatti, bisogna conoscere bene l'asset di riferimento e l'analisi tecnica perché è fondamentale e non solo, bisogna conoscere anche la situazione sociopolitica mondiale e nello specifico quella Americana.

La finanza ruota attorno all'America e alla borsa americana, così come ruota attorno al dollaro, poiché il mondo delle criptovalute, appunto, viene valutato in dollari.

Bisogna conoscere il quadro macroeconomico mondiale, soprattutto Americano, perché l'analisi fondamentale è necessaria per valutare l'acquisto e la vendita di ogni asset.

Ad oggi, in piena Bull Run, anche solo una notizia positiva sul Bitcoin può far schizzare il prezzo e quindi non si può prescindere da questo.

Chiaramente l'analisi tecnica sul Bitcoin conta meno sulle altre coin, ma quando si è a metà della bolla, basta un articolo di giornale per far esplodere o implodere il prezzo.

Per reagire psicologicamente a tutto ciò è bene avere i nervi di ferro in situazioni di – 30 % magari in poche ore ed evitare di vendere dopo un + 50 % repentino.

La psicologia classica di un trader alle prime armi fa sì che si venda quando i prezzi scendono e si compri quando i prezzi salgano, ma banalmente questo a volte può finire per far perdere soldi perché non si è esperti e non si conosce nemmeno il motivo per cui si ha acquistato un particolare asset, seguendo un vecchio concetto di "paga poco e vendi caro". Questo, talvolta, può anche funzionare, ma bisogna stare attenti a fare trading senza conoscere i grafici, che potrebbe, ad esempio, far sì che ci si aspetti un calo continuo di prezzo in caso di down trend o ci si aspetti un'esplosione continua dei prezzi in caso di up trend.

Sarebbe tutto molto facile se funzionasse così sempre, ma in realtà anche seguendo il grafico e vedendo tutti che comprano bisogna stare attenti al rimanere fuori (fear of missing out).

Quando si ottiene un guadagno considerevole ci si fa prendere da eccessiva euforia, il che potrebbe portare alla decisione di non vendere e non consultare più i grafici per seguire le novità, qualora ciò accada, e magari il valore di ciò che si è guadagnato continui a salire senza che lo si venda, si potrebbe rimanere esclusi nel momento in cui si avrà una discesa e perdere l'occasione per guadagnare nuovamente.

Se ci si trova dunque a decidere di fare il trader, è bene darsi dei limiti e delle regole.

Per decidere il prezzo di acquisto e di vendita, alcune cose non conteranno più in valore assoluto ma solo in valore relativo, quindi puntare a quanto si è pagato e a quanto si è venduto il margine.

Insomma, per realizzare profitti bisogna capire che non importa se l'anno scorso si poteva prendere il Bitcoin a $ 5.000, conta invece se lo si prende a $ 80.000 e lo rivende a $ 85.000 e non a $ 70.000, perché sareste in perdita.

Può sicuramente capitare di fare delle scelte sbagliate di trading che non andranno a buon fine, ma per questo è importante avere un piano B, ossia una seconda strategia che può essere ancora valida per quell'asset comprato e incrementare la propria posizione se il prezzo dovesse calare.

Non si riuscirà mai a vincere tutte le scommesse, a fare trading sempre con profitto.

È bene essere fiduciosi, ma se si è alle prime armi è bene mettere da parte questo sogno per il momento ed evitare di scommettere basandosi sul fato, poiché il prezzo di una criptovaluta, come si è visto, può salire e scendere anche molto in fretta.

Nel fare investimenti bisogna rateizzare il tasso che si vuole mantenere, dandosi un range di prezzo per un lungo periodo di tempo o per un medio periodo di tempo, cioè un prezzo ben definito.

Per imparare a fare queste mosse strategiche bisognerà avere pazienza ed esercitarsi nei mesi o addirittura degli anni, dunque, per imparare l'analisi tecnica e per avere uno storico dell'andamento della singola criptovaluta, o meglio del Bitcoin.

Quest'ultimo è un ottimo mezzo di lavoro in quanto si avrà modo di essere più sciolti nell'acquisto e nella vendita, gestendo quindi meglio il rischio perché questo settore è il più volatile sul mercato e non si sta comprando e vendendo merce come cotone, oro o argento, ma si stanno vendendo asset che vengono creati dal nulla e talvolta così come sono stati creati spariscono nel nulla, portandosi dietro tutto il valore che gli è stato attribuito come convenzione.

Per concludere, è ottimale spiegare anche come si suddividono i movimenti del mercato come bull e bear, quindi verde e rosso, che stanno ad indicare mediamente cosa gli utenti pensano che stia accadendo e se dunque è il caso di comprare o di vendere.

All'interno dei grafici, inoltre, si possono osservare le cosiddette candele, che indicano i prezzi iniziali e finali di un certo periodo di tempo.

Ci sono dei termini come "andare long" e "andare short" che saranno ricorrenti nella quotidianità di un trader, dove nel primo caso significa comprare per tenere sul lungo periodo e cioè immaginare che il prezzo salirà, ma il lungo periodo può essere anche qualche giorno o qualche settimana, se non qualche ora.

Nell'ottica di un holder il lungo periodo invece è indefinito; per quanto riguarda l'andare short invece significa scommettere che il prezzo scenderà o salirà velocemente, quindi puntare dei soldi sul fatto che quel determinato asset scenderà o salirà in pochissimo tempo.

Si immagini, ad esempio, che il Bitcoin raggiunga un punto di massimo valore temporaneo di $59.000 e dovesse arrivare a $70.000 e che in seguito vi sia un ribasso velocemente, questo movimento comporterà la vendita quasi immediata di Bitcoin a $70.000, quindi short.

Poi si attenderà che riscenda il prezzo per poterli riacquistare, e qui bisognerà fare attenzione nel trovare la giusta occasione per non improvvisare e andare in perdita.

Il percorso del trader è molto rischioso e si deve essere al corrente del fatto che i suoi movimenti di vendita e di acquisto veloci non sempre possono portare guadagno in quanto il mercato non si può prevedere.

Dunque, non bisogna affidarsi alla fortuna, ma ad una strategia logica ed accurata.

HOLDER E SEMI-HOLDER

Dietro al concetto di holding si nasconde un fattore psicologico, paragonabile a ciò che accade quando si acquista un qualsiasi bene che si suppone debba durare nel tempo, come ad esempio una casa.

Questa decisione è guidata da una logica di hold di lungo periodo, questo immobile o questo bene si pensa che possa acquistare valore negli anni, tramite magari affittuari o altro.

Se si potesse tornare nel 2009 e approcciarsi al mondo delle criptovalute, dove c'era ancora solo Bitcoin che valeva 50 centesimi, nessuno lo avrebbe comprato perché valeva troppo poco.

Col senno di poi, guardando il valore che ha acquisito ad oggi nel 2021 si può dire che chi ci ha creduto e fatto quelle poche azioni di trading iniziali ha guadagnato qualche centinaio di euro, spesi magari in bollette o per la vita quotidiana.

Così come chi ha deciso di utilizzare i guadagni per continuare a fare trading c'è anche chi ha deciso di non farlo e di accumulare qualcosa mentre una parte la si usava per il trading e così facendo ha incrementato le proprie valute fiat.

È bene sapere che, nonostante i periodi di bolla speculativa come nel 2017 con il picco a $20.000 che è sceso poi a $3.000, c'è chi grazie al proprio accumulo di Bitcoin è riuscito a guadagnare cifre da capogiro.

Non è da tutti, ma sugli holder che comprano un asset e lo detengono sul lungo periodo si è espresso Taylor, che sostiene che un asset va venduto quando si trova un asset migliore da comprare e in questo caso non crede che ci siano asset migliori del Bitcoin.

Nessuno conosce il futuro, ma ad oggi tra decentralizzazione, commissioni, scarsità di velocità di trasferimento e logica antinflattiva, come dargli torto.

Ebbene, un altro fattore da non sottovalutare è la nuova generazione di giovani nati in un mondo digitale, in cui forse sarà più facile distinguere il valore dell'oro digitale da quello dell'oro fisico.

Così come spiegato per gli NFT, questa generazione sarà più propensa ad apprezzare altre tipologie di opere d'arte che non siano per forza fisiche, ma che abbiano un valore nuovo e moderno.

Bisognerà essere dei visionari in prospettiva e appunto cercare di anticipare tempi che ormai sono in realtà maturi perché è passata una decade dall'introduzione del Bitcoin, tant'è che ormai nemmeno i grossi colossi della finanza possono ignorare questo fenomeno.

Il mondo sta andando in quella direzione e un holder che crede in Bitcoin ha da guadagnare e da far guadagnare alle prossime generazioni che erediteranno questo asset, perché i Bitcoin saranno sempre meno in circolazione e forse le prossime generazioni non potranno sempre permettersi di acquistare Bitcoin al valore che acquisiranno in futuro.

Anche in termini di satoshi, ovvero le frazioni in cui è diviso Bitcoin, questi hanno un grandissimo valore che una volta finiti di emettere i Bitcoin e distribuiti alla popolazione saranno comunque detenuti da poca parte di essa.

Il concetto dietro all'holder può anche indicare la totale assenza di volontà di convertire, ora o in futuro, le criptovalute in valuta fiat, ma è chiaro che si parla sempre di asset che racchiudono un valore economico necessario alla vita di tutti i giorni; quindi, palesemente in caso di necessità si aprono sempre a venderle anche solo per andare al supermercato.

Il semi holder per semplificare cerca di acquistare nei periodi di bear market per poi rivendere agli ipotetici picchi della bull run per poi acquistare nuovamente un numero sempre maggiore di criptovalute.

Vi sono dei contro anche in queste strategie, quindi se si vuol essere un holder bisogna fare attenzione a cose come la ciclicità.

Ad esempio, Sailor sostiene che nel bear market almeno l'80 % dell'interesse sta sul prezzo del Bitcoin.

Se l'asset sta maturando e l'interesse degli istituzionali è a lungo termine il Bitcoin potrebbe raggiungere anche il valore di $200.000.

In molti inizieranno a riversare le loro riserve di Bitcoin sul mercato e avverrà un a vera e propria catastrofe, perché la soglia psicologica che un utente medio ha davanti ai 100.000 sarebbe nettamente superata; quindi, in pochi si potrebbero dire soddisfatti del guadagno.

Nessuno sa quando si verificheranno il picco alto della bull run e il picco basso del bear market, non è semplice quindi vendere e comprare al prezzo più basso.

Anche in questo caso bisogna accettare di incrementare le proprie posizioni in meno di quello che si pensava di fare.

È bene ricordare che "il senno di poi" è il peggior nemico in questo mondo.

Inoltre, può essere fondamentale seguire i consigli di chi ha già una marcia in più nel mondo delle criptovalute, ma questo non vuol dire limitarsi a seguire altri, piuttosto bisogna affiancare un tutor al proprio percorso di formazione personale e cercare di non essere troppo vulnerabili e ambiziosi, ma seguire tutto in maniera lucida.

IL MENTORE

Il bisogno di supporto dell'uomo da parte di qualcuno è ancestrale, anche in questo mondo virtuale serve avere qualcuno a cui appoggiarsi.

Il motore di ricerca di Google definisce il mentore come consigliere saggio e fidato, a cui è riconosciuta una sorta di autorità paterna o materna.

A prescindere dall'aspetto familiare, chiaramente tocca ciascun umano in modo diverso.

Ci sono altri ambiti in cui la figura del mentore ha riguardato qualcuno anche senza che se ne accorgesse, ad esempio sul lavoro, nello sport, nello svago o in qualsiasi altra attività, qualcuno ha insegnato a qualcun altro come muovere i primi passi in qualcosa.

Nel mondo delle criptovalute è necessario avere un mentore, anche se può sembrare un mondo autoreferenziale, raccogliere più pareri possibili è importante anzi è fondamentale anche se bisogna sempre e solo ragionare con la propria testa e non recepire consigli finanziari, perché la responsabilità è e sarà solo la propria in ogni azione svolta all'interno degli Exchange.

Il proprio mentore, con cui si devono assolutamente condividere valori e, almeno in parte, le idee, vi guiderà all'interno di un percorso che ha già seguito, e questo vi aiuterà a farvi meno male quando la vita vi darà delle lezioni.

Si avrà al proprio fianco qualcuno che questo lo ha già vissuto e vi saprà consigliare sul da farsi.

Un mentore può esser d'aiuto anche nelle più semplici informazioni, come per esempio svolgere le transazioni o quali sono le definizioni più importanti da sapere.

Allo stesso tempo egli vi può aiutare a pensare fuori dagli schemi e a vedere percorsi diversi da quelli che si erano sempre immaginati.

Il mentore può essere sia spericolato e dunque con una certa propensione al rischio, che guadagna molto da poco grazie ad un certo backrground di accettazione delle sconfitte, ma allo stesso tempo può essere una persona equilibrata che sarà ovviamente più adatto a chi è più equilibrato.

Il mentore, dunque, bisogna trovarlo e sceglierlo in base anche alle proprie attitudini per lavorare con la stessa visione e con lo stesso rispetto l'uno verso l'altro in un ambiente di concordia.

MENTALITA' VINCENTE

Studiando le criptovalute è impossibile non imbattersi nella psicologia dei vincenti ovvero quella di coloro i quali hanno avuto numerose vittore e hanno studiato la propria psiche dando vita a questo concetto.

Ad un certo punto del percorso molti proveranno a scoraggiare chi si sta immergendo, facendogli credere che si tratti di truffe e di perdite di tempo.

Questo è l'atteggiamento classico del 99%, ovvero di coloro che non hanno avuto successo nel business e che la mattina si svegliano e non vivono di libertà finanziaria, ma fanno un lavoro da dipendenti o magari sono in difficoltà economica.

Queste persone influiscono negativamente sulla propria possibilità di crescita economica legata al business.

Piuttosto, si dovrebbe fare affidamento e dare ascolto a quelle persone che fanno parte dell'1% che ha avuto successo, questo perché il network di conoscenze e amicizie influenza negativamente o positivamente i propri risultati e la qualità della vita.

Il mindset di una persona dipende ovviamente anche dal suo background e dunque dall'ambiente che la circonda nella crescita.

Non è un fattore discriminatorio, ma è un dato di fatto che famiglie di luoghi diversi possono dare possibilità diverse ai propri figli, che possono influire sulla loro visione del mondo e quindi sulle loro azioni.

È bene allora tenersi lontani dall'ascoltare il 99% perché se fossero tutti dalla parte della ragione, in questo caso avrebbero tutti la ricchezza che desiderano, ovviamente per ricchezza si intende indipendenza economica e non ostentazione del lusso.

Difatti, la peculiarità del lavoro da dipendente è proprio la mancanza di indipendenza, in quanto un datore di lavoro con lo stipendio che offre, sta semplicemente comprando il tempo del lavoratore e ciò toglie alla persona la libertà di gestire il proprio tempo come vuole.

L'unica persona che può creare il proprio successo è sé stessi.

Sembra cinico, ma è la verità, il 99% delle persone vorrà vedere il fallimento, quando si mostreranno i risultati queste persone, pur di screditare il successo, diranno che quei risultati non sono reali.

Questo accade con le persone che non hanno avuto la voglia di impegnarsi in nuovi progetti come quello di Bitcoin, ma che semplicemente attendono il fallimento altrui.

Quindi bisogna cercare di fare parte dell'1% delle persone, ovvero dei vincenti, ovviamente non si parla di valori personali ma solo di business e di mentalità vincente.

Bisogna muoversi con le proprie gambe e non fare affidamento sull'appoggio degli altri.

I soldi ovviamente non fanno la felicità, ma sono un mezzo per garantire la serenità che può portare felicità.

Quindi, senza nulla togliere al lavoro dipendente, ma è un dato di fatto che questo non porterà mai alla libertà finanziaria.

Difatti, non si perde la propria integrità morale nel voler far parte dell'1%, ma semplicemente si adottano decisioni che non combaciano con lo stile di vita dal punto di vista economico del 99% della gente.

Se qualcosa non funziona, bisogna cavarsela da soli e si deve pensare immediatamente alle possibili soluzioni, che nello specifico è bene che siano almeno tre, in quanto mentre si applicano queste tre se ne possono cercare altre nel caso in cui non dovessero funzionare.

In futuro, la valuta digitale avrà un certo peso e chi si sarà formato abbastanza da capirlo potrà agire nella maniera giusta e sfruttare le proprie conoscenze per creare guadagno.

La gestione finanziaria non è semplice e chi non si impegna perde anche quello che la fortuna gli regala; quindi, bisogna formarsi e studiare affinché si possa gestire al meglio possibile le proprie finanze.

Purtroppo, l'educazione finanziaria, che è estremamente importante, in Italia viene parecchio trascura; quindi, è l'utente singolo che si deve impegnare a sviluppare un mindset da 1% che garantisca per lo meno la giusta formazione verso l'indipendenza economica.

GLI EXCHANGE

Quando si prende lo stipendio, questi soldi vengono custoditi generalmente dalla banca nel proprio conto, altrimenti si possono tenere in autonomia dove è più conveniente per la persona.

Per le criptovalute vale lo stesso discorso, possono essere tenute su un Exchange oppure in autonomia nel proprio portafogli digitale, detto wallet.

Se si hanno a disposizione delle valute fiat, come gli euro, che si vogliono trasformare in criptovalute bisogna per prima cosa fare l'scrizione ad un Exchange.

In seguito si devono inviare i soldi al proprio conto tramite bonifico e bisogna attendere che l'Exchange carichi la somma una volta che è arrivata alla piattaforma.

La valuta Bitcoin è decentralizzata, gestita sulla blockchain con tutto ciò che comporta.

Non ci sono intermediari per le transazioni e queste ultime hanno una velocità che dipende dalla velocità d'azione della rete di Bitcoin stessa.

Le valute fiat invece vengono emesse dai governi e dunque dalle banche centrali; pertanto, si tratta di una moneta centralizzata.

Le transazioni possono spesso richiedere molto tempo.

Inoltre, per le valute fiat un trasferimento può essere reversibile.

Questo invece non può accadere per le criptovalute in quanto la stessa transazione non può essere modificata.

Una volta trasferiti gli euro sull'Exchange, si potrà proseguire con l'acquisto di criptovalute.

L'acquisto avviene in maniera binaria, quasi come uno scambio simile al baratto: si danno gli euro e in cambio si riceve il corrispettivo in criptovalute.

Negli scambi vi sono delle coppie che vengono utilizzate molto spesso come BTC/EUR, USDT/BNB e BTC/USDT, dove la prima sigla sta per la valuta di partenza e l'ultima per quella di arrivo.

Quindi, supponendo che si abbia bisogno di Bitcoin e si è in possesso di euro, si andrà a scegliere il pair appropriato, quale EUR/BTC.

Non sempre si possono trovare gli accoppiamenti desiderati, pertanto si dovrà fare un terzo scambio per arrivare alla valuta di cui si necessita.

Difatti vi sono anche coppie di scambio che sono solo così come si vedono e magari non si trova un corrispondente in una valuta di cui si dispone.

Gli Exchange sono fondamentali per l'acquisto di Bitcoin, non c'è scelta, soprattutto all'inizio.

Nonostante si tratti di strumenti centralizzati (perché sono aziende che permettono lo scambio sulle proprie piattaforme), questo non toglie che vi siano agevolazioni e personalizzazioni da sito a sito.

In genere, grazie all'assistenza clienti si è molto tutelati e aiutati.

Ma questo non toglie che vi siano dei rischi nel tenere le proprie criptovalute su un Exchange.

Trattandosi di simil-banche, non regolamentate dallo stato, salvo alcuni casi, un giorno si potrebbe accedere all'Exchange e non vedere più nulla perché è fallito, e con sé si è portato via tutti i guadagni.

Al momento della registrazione negli Exchange, inoltre, bisognerà fornire i propri dati, quindi non c'è privacy o anonimato che tenga, è tutto tracciabile.

Un altro rischio da tenere a mente è che il sito di Exchange non funzioni per alcune ore o giorni, il che potrebbe non creare danni agli holder, ma sicuramente lo crea ai trader. Questo non toglie che siano buone piattaforme, ma possono avvenire dei crash di sistema che fermano il lavoro delle persone per un certo periodo.

Il numero uno tra gli Exchange è Binance, il più completo, affidabile e aggiornato.

In seguito, c'è Coin Base, molto diffuso in America e molto semplice da utilizzare, poi c'è Kraken, che in America detiene addirittura la licenza bancaria ed è molto sicuro.

Molti Exchange dispongono anche di una propria criptovaluta, che spesso sta ad indicare un'azione in possesso dell'Exchange; quindi, è difficile che gli Exchange promuovano la svalutazione delle proprie monete.

Un altro caso è quello di Coin Base, che è stata quotata in borsa invece di avere una moneta preferenziale, ed ha avuto l'approvazione delle istituzioni americane.

KYC E GOOGLE AUTEHENTICATOR

Il KYC, acronimo di Know Your Customer (conosci il tuo cliente), è un insieme di procedure che devono essere attuate per obbligo di legge da parte di alcune tipologie di professionisti. Queste servono per acquisire informazioni su quelli che sono i loro utilizzatori.

In Italia il KYC può essere presentato anche come questionario per adeguata verifica della clientela.

Il motivo per il quale questa procedura è necessaria è che alcune categorie di professionisti o comunque di aziende sono obbligate a verificare l'identità di coloro che utilizzano i loro servizi per valutare il rischio di riciclaggio del denaro o eventualmente per capire se ci sono dei collegamenti con il finanziamento alla criminalità organizzata o meno.

Le procedure non comprendono solo il riconoscimento e la verifica dell'identità, ma anche l'acquisizione di tutte quelle informazioni che potrebbero far capire l'eventuale esposizione ai rischi di riciclaggio e finanziamento del terrorismo.

Quindi si presuppone che ci sarà un controllo costante da parte delle società e ovviamente questo comporta un costo economico ed un impegno non indifferente.

Nel mondo reale sono molte le aziende e le categorie che lo applicano, ma nello specifico caso dell'argomento trattato bisognerà porre l'attenzione sugli intermediari bancari e finanziari; quindi, gli Exchange sono tenuti ad applicarlo perché devono verificare chi sta depositando o prelevando soldi, che possono essere talvolta anche somme ingenti.

Gli Exchange sono perciò soggetti a questa normativa, e ciò comporta che gli utilizzatori dell'Exchange debbano fornire documenti d'identità e prove di residenza, talvolta anche magari la propria documentazione finanziaria a seconda di quello che è lo scopo della registrazione.

Generalmente verrà chiesto il documento d'identità (passaporto, carta d'identità, patente di guida) e se necessario una prova di residenza (un estratto conto bancario con visibile l'indirizzo, una bolletta del servizio energetico o dell'acqua).

Google authenticator in questo ambito è un generatore di codici offline che permette di utilizzare il sistema di verifica a più fattori per accedere ad uno o più servizi o account Google o di altri sistemi.

Fornisce una serie di cifre, in genere 6, che si andranno ad inserire all'interno di un sito, in questo caso un Exchange per certificare il vero proprietario di questo account, ovviamente, questo dopo aver associato il Google authenticator che si possiede a deal sito specifico.

Nella sezione apposita per Google authenticator, per esempio, nel sito di Binance, si potrà associare il proprio codice alla propria identità, dopodiché si potrà utilizzare un comodo codice QR da inquadrare per autentificarsi ogni volta che si accede.

Se qualcuno dovesse subire un furto delle password, non potrebbe comunque accedere all'Exchange, perché non avrebbe questo codice unicamente collegato al proprio dispositivo.

Andando nelle impostazioni dello stesso account, nella sezione sicurezza del menu, si potrà anche seguire un procedimento in qualche breve passaggio per creare l'autenticazione in due passaggi, che è soltanto un'ulteriore modo per proteggere il proprio account da eventuali tentativi di accesso di terzi.

Lo strumento di Google authenticator non serve solo per gli Exchange, ma sicuramente può essere utile per altri servizi.

Sicuramente sempre più aziende ne saranno portate all'uso, tant'è che esiste anche Microsoft authenticator, utilizzato da Coin Base, che funziona esattamente allo stesso modo ma fa riferimento ad un'altra azienda e quindi ad un'altra piattaforma.

Anche in questo caso, è consigliabile utilizzare il metodo di accesso con verifica in due passaggi.

SICUREZZA NEL MONDO CRIPTO

Come detto nei paragrafi precedenti, nell'ambito degli Exchange è necessario fornire una serie di documentazioni che attestino la propria identità e le proprie intenzioni, affiancate da uno o più codici forniti da Google authenticator.

Inoltre, bisognerà detenere delle password, che è bene riporre al sicuro e tuttalpiù non tenerle online, perché sarebbero soggette all'hacking o al furto.

Un altro metodo per proteggersi da eventuali rischi è eventualmente separare i propri apparati digitali rispetto a quelli che si utilizzano per fare compravendite di criptovalute o per detenerle; quindi, possedere un cellulare o un computer aggiuntivo da utilizzare solo ed esclusivamente per queste operazioni, che vengano tenuto offline quando non si sta operando sui mercati così nessuno ci potrà mai accedere.

È consigliabile utilizzare una mail nuova per ogni iscrizione ad un Exchange, che siano disposte all'uso solo di questi siti e armati di tutti i sistemi di sicurezza citati in precedenza. Inoltre, ci si dovrebbe registrare a più Exchange possibili, se non a tutti, perché questi possono a volte subire dei malfunzionamenti che creano perdite ingenti di denaro, oppure possono fallire e portare con sé tutti i guadagni accumulati su quel determinato Exchange.

La rete internet alla quale ci si collega per fare operazioni legate al mondo delle criptovalute deve essere privata e possibilmente frutto di un abbonamento sicuro ed a pagamento, che venga utilizzata solo ed esclusivamente dal proprietario che ne monitori lo stato di sicurezza.

In questo senso, si possono utilizzare server VPN a pagamento che spostano il proprio indirizzo di rete anche dall'altra parte del mondo, facendo da filtro per le azioni che si stanno svolgendo sulla propria rete.

Un'azione che può limitare i danni in caso di difficoltà sugli Exchange è quella di fare un piccolo tentativo di prelievo dal proprio conto una volta che sono stati caricati i soldi; in questo modo all'occorrenza si saprà come fare per prelevare tutto, qualora l'Exchange dovesse smettere di funzionare.

TA (Technical Analysis)

L'analisi tecnica permette di prevedere o di cercare di prevedere il futuro prezzo di un asset studiando nello storico e nelle forme grafiche degli indicatori che danno la possibilità di ricostruire quella che è una probabilità di ciò che andrà a succedere.

Spesso, infatti, la probabilità che succeda un evento o un altro è diversa, può essere maggiore o minore a seconda di quello che è lo storico e di quello che i grafici trasmettono.

L'analisi tecnica è molto complessa e molte criptovalute non hanno neanche il modo di essere analizzate perché non possiedono uno storico o hanno una capitalizzazione molto bassa.

L'analisi si può applicare a valute come Bitcoin ed Ethereum, ma anche alla dominance che è la percentuale di capitalizzazione del Bitcoin e cioè quanto conta in termini di dollari il Bitcoin all'interno del mercato cripto.

Si tratta, quindi, di uno strumento per provare a prevedere il prezzo, per giocare sulle probabilità che avvengano degli eventi o meno, ma ciò non toglie che nessuno conosce il futuro, che è ignoto.

Dunque, è bene non scommettere su personali teorie, ma piuttosto farsi un'idea personale grazie all'analisi tecnica svolta sulla base di dati certi e verificati che possono aiutare ad investire, sempre tenendo conto delle proprie finanze e possibilità.

Per approfondire le varie parti dell'analisi tecnica bisogna dire che grazie ad essa si cerca di capire l'andamento del prezzo nel futuro, mentre, per quanto riguarda l'analisi fondamentale, con essa si vuole stabilire il corretto prezzo di una criptovaluta in base alla sua carriera e alle caratteristiche economico-finanziarie, quindi sviluppi tecnologici, nuovi investitori o comunque tutte informazioni legate alle news e prive di parametri scientifici, grafici o indicatori matematici.

Per analisi tecnica, invece, si intende lo studio dell'andamento dei prezzi dei mercati finanziari con lo scopo di prevedere le tendenze future; quindi, il prezzo oppure la capitalizzazione di mercato grazie ai grafici e ai calcoli matematici statistici e comunque degli indicatori che dei siti mettono a disposizione.

Si cerca, dunque, di capire il futuro facendo leva sul passato.

Parlando di grafici si può vedere una ricorrenza storica di determinati movimenti.

Per esempio, in questo momento si fa riferimento al grafico del 2017 del picco di Bitcoin, che molti si aspettano riaccada proprio per i simili movimenti dell'andamento del prezzo tra questo periodo e quello del 2017.

L'analisi tecnica si basa sul fatto che, poiché il comportamento degli investitori si ripete nel tempo al verificarsi di certe condizioni grafiche, anche i prezzi si muoveranno di conseguenza.

Ci sono delle profezie che si auto-avverano, anche se molte volte è capitato, non è detto che sia una regola priva di eccezioni, piuttosto si tratta di una previsione che spesso si avvera.

Candele Giapponesi - Medie - Supporti – Resistenze

Un concetto necessario alla comprensione dei grafici è sicuramente quello delle candele giapponesi che è banalmente un rettangolo sul grafico, composto da:

- Corpo – la parte centrale;
- Upper shadow – la parte superiore;
- Lower shadow – la parte inferiore.

La candela può essere ribassista (rossa) oppure rialzista (verde).

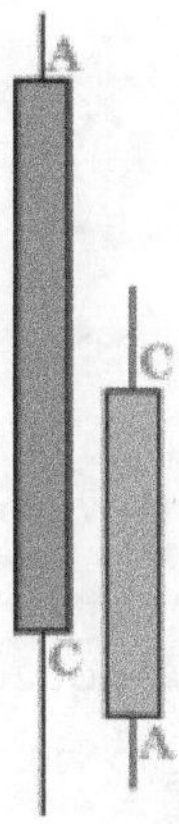

LE CANDELE RAPPRESENTANO l'arco di tempo che viene selezionato nel time-frame, che può essere di 15 minuti, 1 settimana e così via, tutto ciò si riflette in una singola candela.

L'apertura (A), ad esempio giornaliera, indica all'inizio di un nuovo giorno il punto di partenza del prezzo, se rialzista l'apertura sarà sotto e la chiusura sarà in alto.

Nel corso della giornata il prezzo potrà scendere sotto il prezzo di apertura o anche esplodere verso l'alto e andare al di sopra del prezzo.

Viceversa, è una candela ribassista se l'apertura è alta rispetto alla chiusura (C), che è più in basso, ovviamente.

Le candele rappresentano un ricorso storico di disegni che fanno presagire uno scenario bullish (da sinistra verso destra trend in rialzo), di salita del prezzo, e bearish (da sinistra verso destra trend al ribasso) per la discesa del prezzo.

È POSSIBILE CHE A VOLTE si trovino anche gap, ovvero dei vuoti, tra le candele.

Questo può, per esempio, accadere quando un prezzo chiude magari molto basso il venerdì e riapre alto il lunedì, o viceversa.

Impostando la candela con un tempo settimanale, si noterà appunto un vuoto rappresentato dal sabato e della domenica.

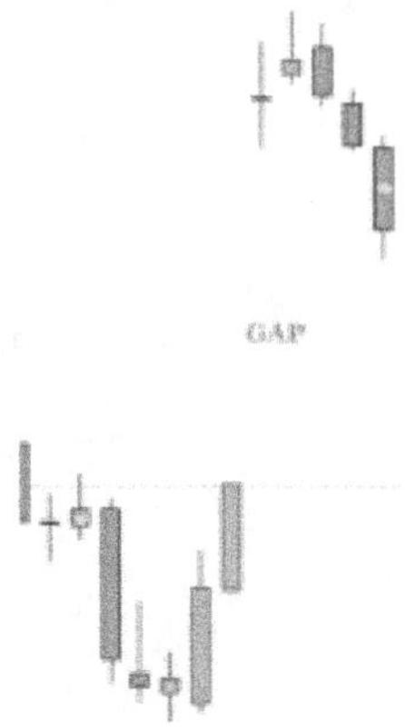

RICAPITOLANDO, LE CANDELE giapponesi sono quegli strumenti che permettono di interpretare l'andamento grafico su un determinato time frame, che sono personalizzabili all'interno dei siti, del prezzo di una criptovaluta sul mercato.

Per quanto riguarda i supporti e le resistenze, si deve dividere il grafico in linee orizzontali e trendline:

• Orizzontali, si intendono quelle che seguono una linea orizzontale ad un dato prezzo. Il punto di interesse supporto della resistenza è indicato con una linea orizzontale ad un dato prezzo, ciò significa che il supporto banalmente potrebbe essere quello dei 50.000 dollari in caso di Bitcoin. È un punto di prezzo dove più volte si è verificato un determinato evento come il rimbalzo del prezzo.

È bene ricordare che più volte un asset cerca di superare la resistenza, come Bitcoin ha cercato più volte di superare il $60.000, più possibilità c'è che ciò avvenga.

Allo stesso modo la dominance è riuscità a rompere il supporto del 57%, arrivando al 61%.

• Le trendline invece sono linee oblique ascendenti e discendenti che si tracciano connettendo almeno 3 high o low delle candele. In un trend rialzista si uniranno le parti high, in quello ribassista quelle low.

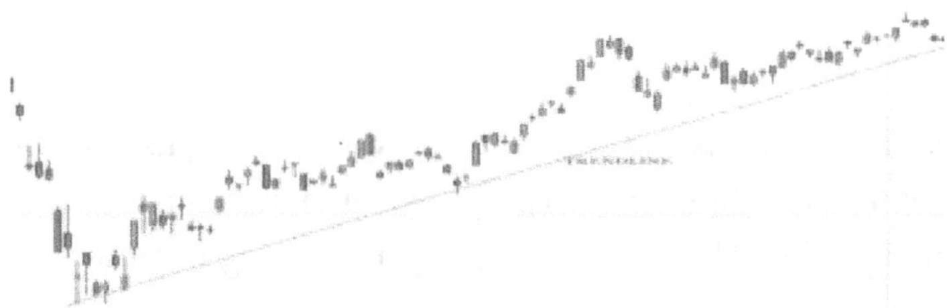

PARLANDO DI MEDIE, invece, si possono trovare le MA, ovvero le medie che utilizzano prezzi passati al posto di quelli attuali per questo sembrano statiche e non prendono in considerazione il fatto che in una settimana di tempo le giornate possono aver avuto un'influenza differente sul risultato totale della settimana, piuttosto considera tutti i giorni allo stesso livello nel fare i calcoli matematici.

Se per le MA la media è puramente matematica, per le medie mobili esponenziali si assegna più peso e valore agli input di prezzo più recenti, nonostante entrambe le medie, quindi, siano valide e vengano utilizzate ampiamente, la MA è più sensibile perché non cataloga il prezzo per importanza ma semplicemente per come è andato a finire nella giornata rispettiva.

Generalmente, quando si visualizza un grafico di questo genere è bene tenere un time frame di 7 giorni con candele di 15 minuti ognuna, utilizzando una media mobile MA.

Quando accade che la media veloce, ovvero quella esponenziale, va molto in basso significa che vi è stata una forte discesa del prezzo nella settimana.

Nel momento in cui riuscirà a risalire sulla media MA del grafico si avrà la conferma che il prezzo è ripreso veramente a salire.

Allo stesso modo, se si vede salire tanto la media veloce ma non quella MA, è probabile che il prezzo nella settimana non abbia avuto una vera e propria risalita ma piuttosto solo un rimbalzo che poi è risceso.

Se invece la MA lascia vedere un rialzo, vuol dire che la media veloce è realmente corretta.

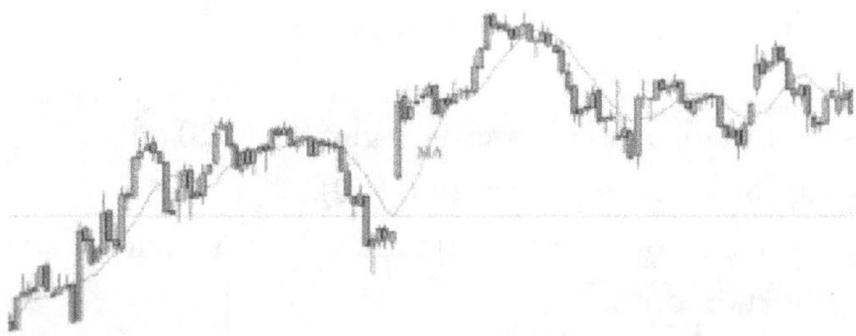

INDICATORI

Nel caso che segue si tratteranno gli indicatori più spesso utilizzati dai trader.

Per un miglior consiglio su quando uscire e poi eventualmente rientrare sul mercato è bene affidarsi principalmente all'analisi fondamentale.

Lo STOCH RSI (relative strenght index), è un oscillatore, che è tra i più utilizzati, ed indica l'indice di forza relativa ad un trend, quindi relative strength index.

Ha un range solitamente compreso tra gli 80 ed i 20 ed indica se il prezzo è troppo comprato (80) o e troppo venduto (20).

Ogni valore oltre gli 80 o sotto i 20 indica delle situazioni estreme come di ipercomprato o ipervenduto.

In questo indice viene utilizzata una media mobile semplice insieme alla linea STOCH RSI, questa ha funzione di linea di segnale e ha l'obiettivo di ridurre i rischi di falsi segnali.

Generalmente viene impostato a 14 (quanti periodi vengono utilizzati per il calcolo della RSI) perché così è stato ideato ed è come viene utilizzato dalla maggior parte dei trader.

Quando tutti comprano significa che il prezzo in genere sale, e quindi il prezzo fa sì che chi ha pagato poco voglia rivendere a tanto, soprattutto i trader.

Per un time frame più lungo questo potrebbe anche non incidere ma nel breve periodo potrebbe esporre molto al rischio.

L'RSI, invece, è un indicatore di ipercomprato o ipervenduto ma ben più leggero.

Lascia intravedere che a volte non tutti i momenti di compravendita sono allarmi di ipercomprato o ipervenduto perché bisogna visualizzarli su larga scala di time frame.

Per MACD si intende un oscillatore che indica l'indice di forza relativa di un trend, si tratta di un trend follower, un indicatore di momento che cattura la tendenza e mostra la relazione dei prezzi. tra due medie mobili

Quindi, mette in relazione i due prezzi con due linee di tendenza.

L'indicatore è composto da due medie: una rapida a 12 periodi e una lenta a 26 periodi.

Ha anche una media a nove periodi chiamata "a segnale" che indica quando il trend è in via di cambiamento.

Quando si osserva dunque un quasi cross, è il momento di fare attenzione, perché bisognerà fare le proprie valutazioni in base alla figura che si ricopre, dunque holder, semi-holder o trader.

Sarà necessario, dunque, capire se il prezzo del Bitcoin è aumentato troppo in quel lasso di tempo.

Tuttavia, non tutti gli indicatori hanno lo stesso time frame di riferimento per capire se l'indicazione è valida o meno perché alcuni sono più veloci e alcuni più lenti.

Di conseguenza, alcuni vanno visualizzati sul giornaliero, alcuni sul settimanale perché sono più lenti.

Per capire come selezionare il time frame in base all'indicatore, bisognerà semplicemente seguire la seguente tabella:

MACD	STOCH RSI	RSI
SETTIMANALE	GIORNALIERO	SETTIMANALE

Se si possiede una versione pro per poter osservare il grafico di andamento di Bitcoin, si potranno osservare anche fino a cinque indicatori, come nel seguente grafico:

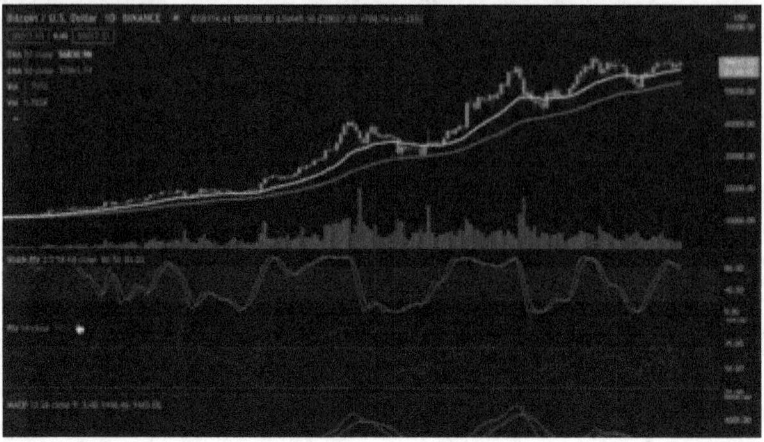

PER ESEMPIO, IN QUESTO grafico si po' vedere che vi sono movimenti fa l'RSI durante la risalita del prezzo di Bitcoin, che lasciano presagire un abbassamento moderato del prezzo.

L'RSI per esempio, molte volte è in linea con lo STOCH RSI, anche se il primo è molto più razionale e il secondo è ovviamente più veloce e migliore per un'analisi al breve periodo.

Il MACD invece si compone di due linee (non visibili in questo grafico), che si intersecano nei momenti di previsione di discesa e risalita del prezzo e che permettono di capire quando è il momento di uscire e rientrare nel mercato.

CONCLUSIONI

Negli ultimi 2 anni ho raccolto un'enorme quantità di informazioni di ogni tipo, che poi ho cercato di semplificare il più possibile in modo da renderle comprensibili a tutti, anche ai meno esperti di trading e di finanza.

Al termine di questo testo, mi sono chiesto se effettivamente tutti i miei sforzi sarebbero stati capiti o meno.

Questo manuale non vuole considerarsi un testo con la finalità di divulgare consigli finanziari, ma è stato scritto al solo scopo informativo.

In questa società è giusto crearsi delle rendite alternative, senza farsi governare da paura o avidità.

Vi sono sempre più persone che vogliono imparare un lavoro online, senza dover più andare a lavoro e senza continuare a farsi sottomettere dai propri capi.

Spesso e volentieri decidere di dare un taglio alla propria vita passata significa svoltare e lasciarsi alle spalle tutti i problemi e tutta la zavorra che ci portiamo dietro da sempre.

Ognuno ha il diritto di darsi una possibilità di ricominciare facendo scelte drastiche e coraggiose.

Questo libro fornisce tutti gli strumenti necessari per agire in questa direzione.

Le successive scelte sono poi responsabilità del singolo.

Credi in te stesso e una volta presa la decisione non voltarti più indietro.

In bocca al lupo !

www.ingramcontent.com/pod-product-compliance
Lightning Source LLC
LaVergne TN
LVHW051122051026
849532LV00004BB/1648
* 9 7 9 8 2 1 5 5 1 1 5 7 2 *